Dominikus Schwaderlapp

Meine Big 5 des Glaubens

Oder wieso der christlich-katholische Glaube für mich die beste Botschaft für die Welt ist

Dominikus Schwaderlapp

Meine Big 5 des Glaubens

Oder wieso der christlich-katholische Glaube
für mich die beste Botschaft für die Welt ist

1. Auflage 2023

Hauptstr. 22, 88353 Kisslegg
www.fe-medien.de

Layout: Renate Geisler

Druck: orthdruk, Białystok, Polen

ISBN: 978-3-86357-374-4

Inhalt

4. GEMEINSCHAFT

Wir glauben an einen Gott, der uns aus allen Völkern und Nationen zu einer Gemeinschaft von Brüdern und Schwestern verbindet.

Vorwort

„Sie müssen mal einen Elevator-Pitch machen.“ So sagte mir nach einer Begegnung mit einem Pfarrgemeinderat in Düsseldorf eine Dame. Etwas ratlos blickte ich sie an und fragte sie, was sie meinte: *„Nun, schreiben sie einmal die wichtigsten Punkte des katholischen Glaubens auf ein Blatt Papier. Der Text muss so kurz sein, dass man ihn während einer Aufzugsfahrt lesen kann.“* Die Dame ist Unternehmensberaterin und gewohnt, die wichtigsten „Facts“ so kurz zu formulieren, dass man sie präsent halten kann. Der Gedanke ließ mich jedenfalls nicht mehr los, einen solchen Elevator-Pitch einmal zu verfassen. Daraus geworden sind fünf Kernbotschaften unseres Glaubens, die ich „meine Big 5“ nenne.

Die „Big 5“, so nennt man in Afrika die fünf imposantesten Tiere, die man im Rahmen einer Safari fotografiert haben sollte (Elefant, Löwe, Leopard, Nashorn, Büffel). Natürlich hat man mit den „Big 5“ nicht die gesamte Tierwelt Afrikas entdeckt, dafür aber besonders prominente und beeindruckende Tiere.

Die Message meiner „Big 5 des katholischen Glaubens“ lautet: Die Botschaft Christi ist das Beste für jeden einzelnen Menschen und die ganze Welt. Christus will jeden Menschen im Herzen treffen und die tiefsten Sehnsüchte, die in ihm verborgen sind, zur Fülle des Lebens bringen.

So richtet sich das Buch an Leute, die sich für die Botschaft Christi interessieren und vielleicht noch nicht sehr viel von ihr gehört haben oder tiefer in diese Botschaft einsteigen wollen. Es richtet sich darüber hinaus an Leute, die vielleicht selbstverständlich im katholischen Glauben groß geworden sind, aber nach einem Update ihres Glaubens suchen. Schließlich kann das Buch auch für die eine Hilfe sein, die in Katechese und Unterricht tätig sind. Kurzum: Eigentlich richtet sich das Buch an alle Menschen, die neugierig sind auf die Geheimnisse des Glaubens.

Dabei teile ich aus ganzem Herzen den christlichen Glauben, wie ihn die katholische Kirche verkündet. Christen anderer Konfession bitte ich um Nachsicht, wenn ich aus meiner Sicht eben christlichen Glauben mit katholischem Glauben in eins setze. Ich respektiere das Bekenntnis anderer christlicher Kirchen und Gemeinschaften auch dort, wo ich ihre Überzeugung nicht teile. Ich erlaube mir einen Vergleich: Ein verliebter Ehemann schwärmt von seiner Ehefrau und respektiert dennoch alle anderen Frauen.

Hier könnte man nun einwenden: Ist das nicht ein wenig überzogen, angesichts der Skandale und des Versagens in der und rund um die Kirche? Kann man ein solches Gebilde wie die katholische Kirche ernsthaft lieben? Ja, ich liebe die katholische Kirche – nicht, weil wir Katholiken so tolle Menschen sind. Ich liebe sie, weil Christus sie liebt und sie – trotz aller menschlichen Schwächen – als Instrument nutzt, in dieser Welt gegenwärtig zu bleiben. Nicht die Katholiken sind die Besten, Christus ist der Beste und stärker als alle menschliche Schwäche! Das Buch will dazu einladen, eine Entdeckungsreise zu Jesus Christus zu unternehmen.

Das Buch gibt nicht den vollständigen katholischen Glauben wieder; zu solchen Kompendien finden Sie Hinweise im Anhang. Es erhebt auch nicht den Anspruch, eine wissenschaftliche Lektüre zu bieten. Der Text will auch jenen eine Hilfe bieten, die kein Theologiestudium absolviert haben.

Wie dem auch sei: Ich würde mich freuen, wenn die „Big 5“ dazu führen würden, dass möglichst viele Christus als den großen Freund ihres

Lebens entdecken, der sie niemals im Stich lässt, und auf den sie sich immer verlassen können. Und wenn nur ein einziges Herz auf diesem Wege erreicht wird, so hat sich das Buch schon gelohnt.

+Dominikus Schwaderlapp
Weihbischof in Köln

Köln, 6. Januar 2023
Erscheinung des Herr

1. SCHÖPFER

Wir glauben an einen Gott, der die Welt nicht allein lässt, sondern Mensch geworden und dabei Gott geblieben ist.

Jesus Christus ist Gott und Mensch! Er hat unser Leben geteilt bis in den Tod. Und durch die Auferstehung den Tod besiegt. Er ist und bleibt der Immanuel, der„Gott-mit-uns".

1.1. Schöpfung aus Liebe zur Liebe

Bei Begegnungen mit Jugendlichen wird mir regelmäßig die Frage gestellt: „*Glauben Sie eigentlich an den Urknall oder an die Schöpfungsgeschichte der Bibel*?" Meine Antwort darauf: Die Urknall-Theorie gibt Antwort auf die Frage: Wie ist die Welt entstanden? Der Glaube gibt Antwort auf die Frage: Warum gibt es die Welt? So erklären die Naturwissenschaftler, dass es am Beginn eine Art Urknall gab und daraus die unendlich vielen Sternensysteme, Sterne und Planeten entstanden sind, so auch die Erde. Das sind zwar nur Hypothesen, aber ich finde sie sehr spannend. Der Anfang unseres Universums liegt dennoch sehr im Dunklen. Ich bin gespannt, was man weiter entdecken wird. Alle diese Forschungen geben jedoch nicht die Antwort auf das „Warum und Wozu", sondern nur auf das „Wie". Warum gab es ihn, den Urknall? Warum ist aus dem Urknall unser blauer Planet Erde entstanden, der über lebensnotwendiges Wasser und lebensermöglichende Atmosphäre verfügt? Warum ist dieser Planet so nahe an der Sonne, dass hier nicht ewige Eiszeit herrscht, aber auch wieder so weit von ihr entfernt, dass keine tödlich glühenden Temperaturen herrschen? „Zufall!", so lautet dann schnell die Antwort, aber das ist keine Antwort. „Zufall" sagt nur: „Ich weiß es nicht" – nicht mehr und nicht weniger. Doch damit geben wir Menschen uns nicht zufrieden. Kinder fragen immer wieder: „Wie geht das?" Wenn sie dann größer werden, taucht immer hartnäckiger die Frage auf: „Warum?" Diese Frage ist typisch menschlich, und sie lässt sich auch nicht mit der Zufalls-Keule zum Schweigen bringen.

Wenn man mit offenen Augen durch die Welt geht, dann entdeckt man bereits in der Natur Zusammenhänge, die so fein aufeinander abgestimmt sind, dass der Zufall nun weiß Gott keine Erklärung ist. Schaut man sich nur einen Grashalm an, wie das Wechselspiel von Erde, Luft, Wasser und Sonne ihn wachsen lässt und Millionen von Grashalmen eine Wiese bilden, die Tieren als Nahrung, Unterschlupf und Lebenswelt dient. Unsere gesamte Welt aus Pflanzen, Tieren, Erde, Luft, Sonne, Wasser und Wind bildet ein fantastisches Ineinander und Zueinander, das mich immer wieder in Staunen und Bewunderung versetzt. Notwendigerweise muss der Mensch in den Zusammenhang der Natur eingreifen, um leben zu können, aber er gerät immer wieder in Versuchung und Gefahr, dieses feine Gleichgewicht zu stören oder gar zu zerstören. Wie erleben derzeit, was sich zum Beispiel alles verändert, wenn sich der CO_2-Gehalt der Luft verändert. Das Bewusstsein wächst für die Bedrohung der Umwelt.

Aber noch einmal zu der Frage nach dem „Warum“. Festzuhalten ist: Zufall ist keine Antwort und keine Erklärung. Seit es Menschen gibt, ahnen sie, dass hinter allem etwas Größeres steht – irgendetwas oder gar irgendjemand, dessen Plan und System in den Wundern der Natur sichtbar werden. Um uns der Antwort zu nähern, schlage ich vor, den Menschen, die „Krone der Schöpfung“, ein wenig näher zu betrachten.

1.2. Der Mensch – gottfähig, liebesfähig, frei

Der Mensch ist schon ein eigenartiges Wesen. Er kann plötzlich und unvermittelt in Gelächter ausbrechen, nur, weil er sich gerade an eine lustige Situation aus der Vergangenheit erinnert. Er kann weinen und todtraurig sein, wenn jemand, den er gerne hatte, gestorben ist. Die Sorgen anderer Menschen können ihm so nahegehen, dass sie zu seinen eigenen werden. Er kann stundenlang regungslos sitzen – man hat den Eindruck, es geschieht nichts, dabei arbeitet es in ihm und er löst gerade eine schwierige mathematische Herausforderung. Dieser Mensch ist ganz schön robust, er vermag in erstaunlicher Weise, sich einer lebensfeindlichen Umgebung anzupassen, wie es z. B. die Bewohner Grönlands oder die Beduinen in der Wüste tun. Die Vielfalt der menschlichen Eigenschaften, Fähigkeiten und Möglichkeiten ist so groß, dass ich sie noch seitenweise beschreiben könnte, ohne damit auch nur annähernd alles Wesentliche gesagt zu haben. Der Mensch ist ein Geheimnis, er übersteigt das, was wir verstehen.

Bei aller Unterschiedlichkeit und bei aller Vielfalt: Wir Menschen haben vieles gemeinsam. Allem voraus ist die Fähigkeit zu lieben. Besonders rührend ist diese Liebe bei Eltern festzustellen, die gerade ein Kind bekommen haben. Sie wenden sich dem Neugeborenen zu, tun alles, dass es ihm gut geht. Dabei ist das keine Gefühlsduselei. Wenn beispielsweise das kleine Kind nachts immer wieder schreit, gehen die Eltern zu ihm, auch dann, wenn sie selbst erschöpft und übermüdet sind. Und wie sehr freuen sich die Eltern, wenn diese Liebe erwidert wird.

Um es auf den Punkt zu bringen: Nichts suchen und ersehnen wir Menschen mehr als geliebt zu werden und zu lieben. Und je mehr wir uns geliebt wissen und lieben können, desto glücklicher sind wir. Machen wir die Gegenprobe: Gibt es einen Menschen auf dieser Welt, der unter keinen Umständen von irgendeinem Menschen geliebt werden will und der unter keinen Umständen irgendeinen Menschen lieben will? Ich bin der Überzeugung: nein! Im Gegenteil, das wäre die Hölle auf Erden. Und viel tiefer als körperliche Verletzungen reichen die seelischen. Rühren diese nicht alle von einem Liebesmangel her – so unterschiedlich und facettenreich die Wunden auch sind? Halten wir an dieser Stelle fest: Der Mensch ist nicht nur fähig zu lieben, sondern er hat es, wie nichts anderes auf dieser Welt nötig, geliebt zu werden.

Warum ist das so? Die Bibel gibt darauf eine klare Antwort: „Lasst uns Menschen machen als unser Bild, uns ähnlich" (Gen 1,26), heißt es in der Schöpfungsgeschichte. Wenn wir also einerseits Gott ähnlich sind, den göttlichen Funken in uns tragen, und andererseits Gott nichts als Liebe ist, dann ist klar: Der Mensch sucht Liebe, weil er als Abbild seinem Urbild, Gott, ähnlich sein will. Und je ähnlicher er ihm wird, desto besser, erfüllter, glücklicher ist er.
Weiter: Warum hat Gott denn ein Wesen geschaffen, das ihm in dieser Weise ähnlich ist? Gott liebt nicht nur maßlos, er <u>ist</u> die Liebe. Und Liebe will sich mitteilen, sich verschenken! Geteilte Liebe ist doppelte Liebe. Daher wollte Gott ein Wesen haben, das imstande ist, seine Liebe anzunehmen und zu erwidern. Je mehr der Mensch diese Liebe Gottes annimmt und versucht,

ihn dankbar zu lieben, sich ihm anzuvertrauen, desto glücklicher, desto erfüllter wird er. Das Abbild sehnt sich nach seinem Urbild. Der Mensch ist aus Liebe und zur Liebe geschaffen!

Lieben kann man nur aus freien Stücken; ohne Freiheit keine Liebe. Liebe und Zwang schließen einander aus. Zwang ist folglich der Tod der Liebe. Daher hat der Mensch Freiheit, das heißt die Fähigkeit, sich zu entscheiden – für Gott oder auch gegen Gott. Damit der Mensch frei sein kann, hat er Vernunft und Willen bekommen. Wir können erkennen, unterscheiden, auswählen und uns entscheiden. Die Entscheidungsfreiheit findet in dieser biblischen Perspektive ihren Sinn und ihre Erfüllung, wenn der Mensch sich für die Liebe entscheidet und damit bindet. Manche missverstehen das. Sie meinen, Freiheit bedeute, sich nicht binden müssen. Aber gibt es Freundschaft ohne irgendeine Form der Bindung? Sind wir ohne Bindungen nicht sehr einsam? Ich bin jedenfalls sehr dankbar, dass ich – obwohl zölibatär, also unverheiratet lebend – nicht allein durch das Leben gehen muss. An erster Stelle weiß ich mich in Gott geborgen. Er lässt mich nicht allein! Aber da gibt es auch meine Familie und andere Freunde, für die ich ebenso dankbar bin. Nur eins ist mir klargeworden: Ohne Bindung gibt es keine Freundschaft – weder mit Gott, noch mit Menschen. In der Bindung finden Freiheit und Liebe ihre Erfüllung, und an erster Stelle gilt dies für die Bindung an Gott.

Dass der Mensch eine „Antenne“ für Gott hat, belegt die Menschheitserfahrung. Von den Höhlenzeichnungen der Steinzeitmenschen wissen wir, dass sie in irgendeiner Weise religiös waren. In allen Kulturen dieser Welt gibt es Formen der Gottesverehrung. An dieser Stelle sei festgehalten: Der Mensch ist „liebenswürdig“, weil er Abbild Gottes ist. Er ist zu einer Beziehung mit Gott fähig, weil Gott ihn genau dazu erschaffen hat, und er ist frei, weil Liebe nur in Freiheit geht. Alle echte menschliche Liebe geht aus dieser Liebesbeziehung Gottes zu uns Menschen hervor – selbst dann, wenn wir die Existenz Gottes leugnen.

1.3. Menschheitskatastrophe Sünde – Der Mensch spielt sich als Gott auf

Der Mensch ist aus Liebe und zur Liebe erschaffen. Bei so viel Rede von Liebe ist nun doch ein Faktencheck nötig. Erleben wir tatsächlich Liebe in der Welt? Gibt es nicht so viel Bosheit, Unmenschlichkeit, Ungerechtigkeit und dadurch hervorgerufenes Leid im Großen wie im Kleinen? Ist die Menschheitsgeschichte nicht vielmehr eine Aneinanderreihung von Streit, Krieg und Unterdrückung als von Liebe, Gemeinschaft und Versöhnung? In manchen alten Mythen und manchen heutigen Weltanschauungen wird dies als Kampf zweier gleichstarker Mächte gedeutet. Die gute Macht gegen die böse, das Licht gegen die Finsternis. Wie deutet das Christentum dieses Drama?

Der Schöpfungsbericht gibt uns dazu Auskunft. Natürlich ist er kein historischer Bericht im strengen Sinn. In Bildern wird uns geschildert, wie das Böse in die Welt gekommen ist (Gen 3,1-24). Die ersten Menschen, Adam und Eva, sind rein und gut. Auch die Welt wird als Paradies geschildert. Es gibt keinen Argwohn zwischen ihnen, kein Misstrauen, keine Versuche, sich übereinander zu erheben. Sie leben ganz verbunden mit Gott und untereinander, ohne jeglichen Riss, ohne irgendeine Spaltung. Nun tritt eine Schlange auf den Plan, die Adam und Eva zum Bösen verführen will. Wir erinnern uns, der Mensch ist frei und kann sich für das Gute und gegen das Gute, für die Liebe und gegen die Liebe entscheiden. Die Schlange will den Menschen zur Entscheidung gegen Gott verführen. Es gibt im Paradies einen Baum, von dessen Früchten der Mensch nach

Gottes Weisung nicht essen darf – von allen anderen schon, aber von diesem einen eben nicht. Die Schlange stellt Gott zunächst einmal als „Spielverderber" dar: *„Hat Gott wirklich gesagt: Ihr dürft von keinem Baum des Gartens essen?"* (Gen 3,1) Allein schon diese Frage sät Misstrauen. Adam und Eva parieren diesen Angriff. Selbstverständlich dürfen sie. *„Nur von den Früchten des Baumes, der in der Mitte des Gartens steht, hat Gott gesagt: Davon dürft ihr nicht essen, und daran dürft ihr nicht rühren, sonst werdet ihr sterben."* (Gen 3,3). Gott will das Leben und nicht den Tod, daher diese klare Ansage. Dennoch gelingt der Schlange die Verführung, indem sie den Menschen an seiner schwachen Stelle packt. *„Sobald ihr davon esst, gehen euch die Augen auf; ihr werdet wie Gott und erkennt Gut und Böse."* (Gen 3,5)

Gott möchte ja, dass sein Abbild ihm, dem Urbild, sehr ähnlich ist, deshalb schenkt er ihm göttliche Würde, aber eben als Geschenk und Teilhaber an Ihm, dem großen Gott, der immer größer bleibt. Nun aber bietet die Schlange einen Weg an, aus eigener Kraft wie Gott zu werden. Die Sehnsucht des Menschen nach der Liebe, die Gott selbst ist, wird ersetzt durch die Sucht, sich selbst an die Stelle Gottes zu setzen. Und da wird Eva schwach, und dann auch Adam. *„Da sah die Frau, dass es köstlich wäre, von dem Baum zu essen,* (…)*; sie gab auch ihrem Mann."* (Gen 3,6)

Der Mensch geht der Schlange, die den Teufel, der Urheber des Bösen, symbolisiert, auf den Leim. Das Ergebnis: die Katastrophe schlechthin! Es entsteht ein Riss zwischen Gott und Mensch, der Mensch versteckt sich:

Vertrauen wird durch Angst ersetzt. Es entsteht zudem auch ein Riss zwischen den Menschen. Der Mensch wird zur Bedrohung des Menschen. Aber er ist auch in sich selbst zerrissen. Der Apostel Paulus beschreibt dies treffend, wenn er sagt: *„Ich tue nicht das Gute, das ich will, sondern das Böse, das ich nicht will.“* (Röm 7,19). Der Mensch hat seine Freiheit missbraucht; statt sie für die Liebe einzusetzen, setzt er sie dafür ein, größer zu sein, als er ist: Er will wie Gott sein.

Steckt nicht in allen Bosheiten, den kleinen wie den großen, im Kern dieser Hochmut, der sich über andere, ja sogar über Gott erheben will? An die Stelle von Gottes Geboten setzen wir allzu gerne unsere eigenen Gesetze. Auf Kosten anderer spiele ich mich auf, das beginnt schon bei scheinbar harmlosen Dingen. Ohne Not erzähle ich Fehler anderer Menschen, um selbst besser da zu stehen. Der Betroffene hat natürlich keine Möglichkeit, sich zu verteidigen. Und es endet bei den großen Tyrannen der Weltgeschichte, die sich selbst zu Gott machen, Recht und Gesetz nach ihrem Gutdünken verfälschen und andere Völker erniedrigen. Hitler und der Nationalsozialismus sind dafür eines der traurigsten Beispiele in der Menschheitsgeschichte.

Halten wir fest: Die bildhafte Erzählung der Bibel, von der wir glauben, dass Gott sich in ihr offenbart, vermittelt uns die Botschaft: Am Anfang war der Mensch gut, er war frei und dazu berufen, sich für die Liebe, ja für Gott zu entscheiden. Er hat sich verführen lassen, sich gegen die Liebe und gegen Gott zu entscheiden. Seit dieser Zeit trägt jeder Mensch diesen Riss in sich, der ihn von Gott, den Mitmenschen und sich selbst entfremdet bzw. absondert – zumindest vom Wortklang her erinnert „Sünde“ an „absondern“. Wir Theologen nennen es „Erbschuld“: Wir tragen diesen Riss nicht aus eigenem persönlichen Verschulden in uns, sondern durch das der ersten Menschen.

Die Menschheitsgeschichte ist eben ein zusammenhängendes Ganzes. Ein Beispiel: Wir leben in Deutschland, in einem sehr wohlhabenden Land. Nach dem Ende des 2. Weltkrieges haben viele Menschen dafür gesorgt, dass dieses zerstörte Land wiederaufgebaut wurde, und sich neu orientiert. Davon profitieren wir noch heute. Ein anderes Beispiel: In Syrien werden Kinder geboren, die von der ersten Stunde ihres irdischen Lebens an nur Krieg und Leid erfahren haben. Sie können nichts dafür, aber die Geschichte ihres Landes und das Handeln der Herrschenden früher und heute prägen ihre Gegenwart ohne eigenes Verschulden.

Was verstehen aber wir Christen darunter, wenn wir nicht nur vom Bösen allgemein, sondern von dem Bösen als Person sprechen, vom Teufel? Es gibt nicht nur Menschen, sondern auch Engel. Die Bibel berichtet über sie. Engel sind Geistwesen, die keinen Leib haben, bei Gott leben und wie die Menschen aus Liebe und zur Liebe geschaffen sind – deshalb besitzen auch sie Freiheit, wie wir Menschen. Der Teufel ist ein Engel, der sich ein für alle Mal gegen Gott entschieden hat. Der Teufel wird auch „Diabolos“ genannt, das ist Griechisch und ist aus dem Verb „diabállein“ abgeleitet, was „durcheinanderwerfen“ bedeutet. Der Diabolos will uns Menschen gegen Gott und gegeneinander aufbringen. Er will buchstäblich alles durcheinanderwerfen. Oft genug gelingt es ihm, aber Gott auf lange Sicht ist stärker. Wir glauben nämlich, dass das Böse keine eigene Macht ist, sondern nur ein Mangel an Gutem – so ähnlich wie bei Licht und Finsternis. Finsternis ist nur ein Mangel an Licht. Sie entsteht nur, wenn man Licht wegnimmt. Und gekehrt: Überall, wo es dunkel ist, kann die Dunkelheit durch Licht vertrieben werden. So lehrt uns die Bibel, dass das Licht Gottes stärker ist als die Finsternis des Bösen. Aber auch die Weltgeschichte zeigt uns das. Denn trotz aller Bosheit und Dunkelheit ist auch immer Gottes Licht und Zuwendung zu spüren. Darüber später mehr …

1.4. Gott verbündet sich mit dem Menschen – Israel, Gottes Bundesvolk

Der Mensch hat sich also mit Gott „verkracht“ – um es salopp zu formulieren. Grund genug für Gott, sich von dem Menschen abzuwenden. Wenn sie mich nicht wollen, dann sollen sie doch alleine zurechtkommen. Aber Gott „schmollt“ nicht, wenn auch der Mensch durch eigene Schuld das Paradies, die vollkommene Harmonie zwischen Gott, Mensch und Welt verloren hat. Selbst als Kain seinen Bruder Abel ermordet und in die Verbannung geschickt wird, lässt Gott ihn nicht allein. Er schützt ihn vor ungerechten Angriffen. Weiter berichtet uns die Bibel von Noah und seiner Familie. Es sind gerechte und gottesfürchtige Leute. Gott bewahrt sie vor der Flutkatastrophe. Gottes Barmherzigkeit geht dabei über die Menschen hinaus; sogar die Tierwelt bevölkert die Arche Noah und wird so gerettet. Auch wenn diese Erzählungen im Einzelnen nicht mehr historisch fassbar sind, so handelt es sich doch um alte Überlieferungen. Sie stehen beispielhaft für Gottes immerwährende Zuwendung zu den Menschen.

Diese gewinnt vor etwa viertausend Jahren eine neue Dimension. Gott schließt mit Abraham, der aus Mesopotamien (etwa das heutige Irak) stammt und nach Kanaan (etwa das heutige Israel) gezogen ist, einen Bund. Und nicht nur mit ihm, sondern mit all seinen Nachkommen. Die Geschichte des Volkes Israel beginnt. Jeder Bund, jedes Bündnis lebt von Vertrauen und Treue. Gott verspricht seinem Volk Treue, Zuwendung und Schutz und erwartet im Gegenzug ebenso Glauben, Vertrauen und Gehorsam gegenüber seinen Weisungen. Seine Nachkommen kommen einige Jahrhunderte später nach Ägypten und bleiben wiederum viele Generationen dort. Sie sind zunächst „Gastarbeiter". Ihre Situation ändert sich, und sie werden zu Sklaven. Etwa 1250 v. Chr. befreit Gott sein Volk aus dieser Gefangenschaft und führt es durch Mose zurück in die Heimat, in das Land Kanaan (Es lohnt sich, diese Geschichte zu lesen. Sie findet sich – vor allem – im 2. Buch der Bibel, dem Buch „Exodus").

Der Weg dorthin ist mit allerhand Komplikationen verbunden, so dass die Wüstenwanderung nach Aussagen der Bibel etwa 40 Jahre dauert. Unterwegs erneuert Gott seinen Bund mit seinem Volk. Er gibt ihnen die zehn Gebote (vgl. Ex 20,1-17), die so etwas wie ein Vertrag dieses Bündnisses sind. Diese Gebote sind keine Last, die Gott den Menschen auferlegt, sondern eine Hilfe, gut durch das Leben zu kommen und dabei gegenüber Gott und den Menschen gerecht und gut zu leben. Längst sind sie zum Allgemeingut der Menschheit geworden, und ihr Inhalt bildet die Grundlage jedes menschlichen Zusammenlebens und jedes Staatswesens, wenn es Bestand haben soll. Das gilt bis heute. Auch hier wird deutlich, Gott lässt den Menschen nicht im Stich. Gott interessiert und engagiert sich für ihn. Er sucht seine Freundschaft und gibt ihm Orientierung und Kraft, einen guten Weg zu finden und Schweres zu ertragen.

Große Teile des Alten Testamentes der Bibel (Altes Testament = Offenbarung Gottes vor Christus; Neues Testament = Offenbarung durch Jesus Christus und die Apostel) erzählen die Geschichte des Volkes Israel.

Diese Geschichte ist alles andere als lieblich und harmonisch, sie enthält auch einiges, was unserem Verstehen heute sehr fremd ist. Wenn wir aufs Ganze blicken, können wir etwa folgenden roten Faden festhalten: Gott schließt einen Bund mit einem Volk und wendet sich ihm besonders zu. Dieses Volk wird diesem Bund allerdings immer wieder untreu, wendet sich von Gott ab, folgt anderen Göttern, handelt nicht so, wie Gott es will. Immer wieder muss es auch um seine Existenz kämpfen, und nicht immer steht Gott seinem Volk bei, besonders dann nicht, wenn es wieder einmal untreu geworden ist. Doch immer wieder findet das Volk auch zu Reue und Umkehr. Herrscher und Volk tun Buße und versprechen Gott Besserung. Gott bleibt seinem Volk treu. Wenn es auch immer wieder seinen Bund bricht, Er, Gott, bricht ihn nicht!

Wie zeigt Gott seinem Volk seine treue Verbundenheit? Die schon erwähnten zehn Gebote, dieser Bündnisvertrag, ist eine bleibende Grundlage. Klar und verständlich hat Gott hier seinen Willen kundgetan. Darüber hinaus ruft er aber immer wieder Menschen, die er durch besondere Eingebungen und Befähigungen dazu bestimmt, sein Volk an den Bund zu erinnern: die Propheten. Allen voran ist hier Mose zu nennen. Er ist im ständigen Gespräch mit Gott. Ihm offenbart Gott seine Aufträge, Weisungen und Befehle, und er verkündet sie im Namen Gottes dem Volk. Andere berühmte Namen, über die die Bibel ausführlich berichtet, sind z. B. Elija, Jeremia, Jesaja, Ezechiel.

Doch trotz aller Bemühungen Gottes: das Verhältnis zu seinem Volk bleibt schwierig. Trotz aller Propheten gibt es keine Fortschritte, im Gegenteil, das Volk entfernt sich über die Jahrhunderte immer weiter von Gott. So wird der Ruf der Guten und Gerechten immer lauter, Gott möge jemanden schicken, der alles ändert, der wirklich alles neu macht und einen Bund stiftet, dem auch das Volk bleibend treu ist. Dieser „Retter“ heißt auf Hebräisch „Messias“, der Gesalbte. Und die Sehnsucht nach dem Messias wird immer größer …

1.5. Gott wird Mensch – durch das Ja-Wort eines Menschen

Der Messias, der Retter, nach dem sich das Volk sehnt, wie soll er sein? Ein weiterer Prophet? Propheten hat Gott schon häufiger gesandt, großartige Persönlichkeiten, mutig und gottergeben, doch eine Wende konnten sie nicht hervorbringen. Irgendwie scheinen die Menschen alleine damit überfordert zu sein, sich aus der inneren Zerrissenheit und der Spaltung von Gott und der Mitmenschen zu befreien. Eigentlich klar, denn niemand kann sich selbst aus dem Sumpf ziehen.

Beim Propheten Jesaja finden wir eine Verheißung, die Jahrhunderte lang mehr oder weniger unbeachtet, auf jeden Fall aber unerfüllt blieb: *„Siehe, die Jungfrau hat empfangen, sie gebiert einen Sohn und wird ihm den Namen Immanuel (Gott mit uns) geben.“* (Jes 7,14) Gott kündigt durch den Propheten sein Eingreifen an. Gott schickt nicht nur seine Propheten und Boten, er selbst „steigt“ sozusagen in die Welt hinab. Und er tut es nicht mit Blitz und Donner und gewaltigen Naturwundern, sondern mit Hilfe eines Menschen, Maria, einer Jungfrau. Der Evangelist Lukas berichtet das Ereignis (1,26-38). Zu Maria kommt der Engel Gabriel und bringt ihr die Botschaft, dass sie Mutter Gottes werden soll. *„Wie soll das geschehen, da ich keinen Mann erkenne?“*, fragt Maria. Der Engel gibt ihr zur Antwort, der Hl. Geist werde über sie kommen. Kurzum: Der Engel sagt ihr ein Wunder voraus. Schöpferisches Eingreifen Gottes soll geschehen. Das geht über unseren Verstand hinaus, aber bei Gott ist eben alles möglich. Maria vertraut auf den Engel und sagt die wichtigsten Worte, die je ein

Mensch gesprochen hat: „*Ich bin die Magd des Herrn; mir geschehe, wie du es gesagt hast.*“ (Lk 1,38)

Gott bindet sich an die Entscheidung eines Menschen, einer Frau, noch dazu einer sehr jungen, um in die Welt zu kommen. Er klopft sozusagen an, obwohl er doch die Macht hätte, einfach so die Welt zu betreten. Hier setzt sich etwas fort, was schon von Beginn an Gottes Handeln mit den Menschen auszeichnet. Gott entmündigt die Menschen nicht. Er handelt nicht über sie hinweg, sondern mit ihnen und durch sie, mit Noah, Abraham, Mose und den anderen Propheten: Durch sie richtet er sein Wort und seine Weisungen an sein Volk. Und nun „klopft“ er bei Maria an, die den Ruf, Gottes Mutter zu werden, annimmt. Jesaja hat es verheißen, in Maria wird es Wirklichkeit: die Geburt des Retters aus einer Jungfrau. Hier beginnt etwas Neues!

Ich frage mich so häufig, wieso macht Gott das? Wieso bindet er sich derart an das Mittun von uns Menschen? Er könnte doch selbst – ohne uns – viel besser sein Wort den Menschen ins Herz legen, viel wirksamer, viel klarer die Geschichte der Menschheit leiten und uns vor vielem Unheil bewahren. Aber er tut es nicht. Er hält an dem „Projekt Mensch“ fest, jener Schöpfung aus Liebe und zur Liebe. Gott gibt es– menschlich gesprochen – nicht auf, sich nach der liebenden Antwort der Menschen zu sehnen. Daher respektiert er weiterhin die Freiheit des Menschen und ersetzt sie nicht durch seine Macht. Deshalb zwingt er niemanden, er spricht so laut, dass man ihn hören kann, und so leise, dass man ihn überhören kann. Er offenbart sich in Zeichen, die deutlich auf ihn hinweisen – in den Wundern, zu denen wir noch kommen. Aber er handelt nicht so, dass wir keine Wahl mehr hätten. Glaube ist nötig, weiterhin.

Maria hat uns gezeigt, wie Glauben geht. Sie hört auf die Stimme Gottes in den Worten des Engels. Sie kann die Worte nicht verstehen. Aber sie fragt nicht zweifelnd, nach dem Motto: Bevor ich glaube, muss du dich mir beweisen. Sie zweifelt nicht an, sondern sie fragt in gläubigem Vertrauen.

Ich bin davon überzeugt, dass wir nur in dieser Art des Fragens aus Vertrauen und Glauben heraus Antworten finden und immer tiefer in das große Geheimnis Gottes hineinwachsen können.

Nach der Erklärung des Engels weiß Maria sicher nicht genau, wie das alles passieren soll. Aber sie vollzieht den großen eben geschilderten Glaubensakt. Sie gibt ihr JA, ohne irgendwelche Bedingungen und Einschränkungen. Nun betritt der Immanuel, der „Gott mit uns", die Welt …

1.6. Menschheit als Instrument Gottes – der Gottmensch Jesus Christus

Dass Gott den Menschen nicht allein lässt, zieht sich schon wie ein roter Faden durch das gesamte Alte Testament. In Jesus Christus gewinnt seine Nähe eine neue Dimension. Um sie zu erahnen, ist es gut, zunächst einmal einen Blick auf den Menschen zu richten. Wir sind Wesen mit Leib und Seele. Die Seele ist eine geistige Wirklichkeit. Sie durchdringt den Leib und erfüllt ihn mit Leben. Aus der Seele gehen die geistigen Kräfte des Menschen hervor. Wir vermögen daher die Welt um uns (und in uns) zu erkennen und zu entdecken, haben Gedanken, können Schlüsse aus verschiedenen Erkenntnissen ziehen, uns entscheiden, Dinge wollen und nicht wollen. All dies geschieht, wenn „der Geist" aktiv ist. Doch wir bestehen eben nicht nur aus Geist. Unser Leib dient dem Geist sozusagen als Instrument. Wie ein Musikinstrument eine Melodie zum Klingen bringt, so bringt unser Leib den Geist zum Klingen. Wir benötigen unser Gehirn, um denken zu können, Stimmbänder, um uns ausdrücken zu können. Dann haben wir natürlich Gemütsregungen wie Freude oder Trauer. Sie können ganz unmittelbar sozusagen „gedankenlos" entstehen. Und auch sie werden durch den Leib zum Klingen gebracht – zum Beispiel durch ein Lächeln oder Tränen. Kurzum, Leib und Seele gehören bei uns zusammen. So hat Gott uns erschaffen.

Nun will Gott uns nahe sein, und um wirklich der Immanuel, „der Gott mit uns" zu sein, passt er sich unserem Menschsein an. Er möchte uns nach unserer Art begegnen. Das heißt, er will mit Leib und Seele bei uns sein. Seine Nähe soll für uns zum Erlebnis werden. Und so nimmt er unser Menschsein an. Jesus Christus ist Gott und Mensch zugleich, mit Leib und Seele. Er wurde geboren wie jeder Mensch, musste krabbeln, gehen und sprechen lernen wie jeder von uns. Es heißt von ihm: „*Jesus aber wuchs heran und seine Weisheit nahm zu*“ (Lk 2,52). Er erlernte einen Beruf, den des Zimmermanns. Er konnte weinen über den Tod eines lieben Freundes, konnte zornig sein darüber, dass man den Tempel, das Haus Gottes, zu einer Markthalle umfunktioniert hatte. Er hat gefeiert, aber auch gefastet. Vor allem aber hat er in seinem öffentlichen Wirken seine menschlichen Fähigkeiten genutzt, um die Botschaft Gottes zu verkünden. Darüber hinaus hat er ganz außergewöhnliche Zeichen getan, Wunder, die nicht erklärlich, aber von Augenzeugen gut belegt sind.

Hier zeigt sich schon: Jesus war nicht nur ein außergewöhnlicher Mensch. Er bekennt sich dazu, dass er Sohn Gottes ist. Ja, er sagt sogar von seinem Verhältnis zu Gott Vater im Himmel: „*Ich und der Vater sind eins.*“ (Joh 10,30) Ganz klar vertritt er den Anspruch, dass er nicht nur ein Mensch ist, sondern größer. Ziemlich krass formuliert er: „*Wer Vater oder Mutter mehr liebt als mich, ist meiner nicht wert*“ (Mt 10,37) Die Menschen, die ihn hören, spüren das, „*denn er lehrte sie wie einer, der Vollmacht hat, nicht wie die Schriftgelehrten*“ (Mk 1,22). Als ihm später der Prozess gemacht wird, wirft man ihm nicht vor, dass er ein Betrüger ist, der vorgibt Wunder zu tun. Dass er Wunder bewirkte, wird von den Anklägern nicht bestritten (übrigens ein Beleg für die Echtheit der Wunder). Der ihn richtende Hohepriester Kaiphas stellt ihm unverblümt die Frage:

„Bist du der Christus, der Sohn Gottes?" Die ebenso klare Antwort Jesu: *„Du hast es gesagt."* (Mt 26,63)

Wir werden später noch zu dem Ereignis kommen, das ihn als den Gottessohn definitiv offenbart: seine Auferstehung von den Toten. Schon hier gibt es eigentlich nur eine Alternative: Entweder ist Jesus ein vom Größenwahn gezeichneter Verrückter, oder er ist wirklich Gottes Sohn, Gott und Mensch. Jedenfalls scheidet die Möglichkeit aus, dass Jesus einfach nur ein hochbegabter, besonders guter Mensch ist und nicht mehr.

Dass Jesus Christus Gottes- und Menschensohn ist, darauf weisen bereits die Umstände seiner Empfängnis hin. Wir haben schon von Maria gehört (vgl. 1.5). Erinnern wir uns: Der Engel brachte ihr die Botschaft, dass sie Gottesmutter werden solle. Ohne Zutun eines Mannes sollte sie ein Kind gebären. Sie glaubte dem Engel und sagte Ja zu seiner Botschaft. Und sie empfing durch göttliches schöpferisches Eingreifen unter ihrem Herzen den Gottes- und Menschensohn. Ist das nicht unglaublich? Einerseits ja – aber nur dann, wenn ich Gott und sein Können auf meinen kleinen menschlichen Verständnishorizont beschränke. Andererseits nein – Gott ist der Schöpfer der Welt, und er wollte mit Jesus, seinem Sohn, der Mensch geworden ist, eine neue Schöpfung beginnen.

Halten wir fest: Gott kommt in unsere Welt. Gott ist „verrückt" vor Liebe zu uns. Liebe sucht immer Einheit. Wenn Verliebte beisammen sind, sind sie glücklich. Daher wird Gott Mensch. Er will mit Leib und Seele mit uns sein. Gott wirkt nicht von oben herab über unser Menschsein hinweg, vielmehr handelt und wirkt er besonders durch das Menschsein seines Sohnes. Gott hat das „Projekt Mensch“ nicht aufgegeben. Vielmehr ist das Menschsein seines Sohnes das Instrument, um seine „Melodie“ zum Klingen zu bringen.

1.7. Versöhnung durch das Kreuz

Das Leben Jesu ist vor allen Dingen festgehalten in den vier Evangelien (Matthäus, Markus, Lukas und Johannes). Die Evangelien verarbeiten unterschiedliche Quellen, greifen aber zum Teil auch auf Gemeinsames zurück. (Ich möchte übrigens jedem empfehlen, die Evangelien nacheinander zu lesen. Sie sind der beste Weg, einen Zugang zu Jesus zu finden und ihn näher kennenzulernen). Es gibt einige Unterschiede in Details, in der Reihenfolge der Ereignisse; manche Begebenheiten werden nur von einem Evangelisten berichtet, andere von allen. Von allen berichtet wird der Kreuzestod Jesu. Wenn Jesus Gottes Sohn war, wieso musste er dann sterben und noch dazu auf diese bestialische Art und Weise? Ist er mit seiner Mission am Ende doch gescheitert? Natürlich *musste* Jesus *nicht* sterben. Wenn Gott es anders gewollt hätte, wäre es anders geschehen. Gott ist kein Opfer der Menschen. So sehr er den Menschen die Freiheit lässt, sich für oder gegen ihn zu entscheiden, und damit auch zulässt, dass Böses in dieser Welt geschieht, so sehr bleibt er doch gleichzeitig der Herr der Geschichte und damit auch der Herr des Geschehens. Was hat es also auf sich mit dem Kreuzestod Jesu?

Wir haben bereits die Menschheitskatastrophe „Sünde" (vgl. Kap. 1.3) behandelt. Sünde bedeutet Absonderung von Gott und den Menschen. In jeder Sünde steckt die Selbstüberhebung des Menschen, der sich selbst zu Gott machen will und dabei keine anderen „Götter" neben sich duldet – weder Gott mit seinen Geboten und Weisungen, noch den Mitmenschen, der immerhin die gleiche Würde hat wie ich. Der Mensch verkapselt sich in sich selbst und zerstört sich damit am Ende. Denn Sünde ist das krasse Gegenteil von Liebe, und ohne Liebe können wir nicht leben. Gott will den Menschen aus dieser selbstgemachten Isolationshaft befreien. Natürlich könnte er das mit einem Wort – sozusagen mit einem Fingerschnippen. Doch Gott bleibt sich treu, und so will er den Menschen auf menschlichem Weg mit sich, der Welt und den Mitmenschen versöhnen. Was heißt das?

Wenn ich mit jemandem Streit habe und ich merke: „Hier habe ich Mist gebaut!" und ich will, dass alles wieder gut wird, dann sage ich etwa: *„Es tut mir leid."* Leid tun bedeutet: Ich leide darunter, dass ich dir dies und das angetan habe. Wenn es mir nicht leidtut, kann ich keine Versöhnung erwarten. Mein Leiden unter meinem Versagen wirkt versöhnend. Nun kommt es darauf an, dass der andere dies annimmt. Daher füge ich hinzu: *„Ich bitte um Entschuldigung."* Auch diese Redewendung ist sehr vielsagend. Ich kann mich nicht selbst entschuldigen. Der andere, dem ich Leid zugefügt habe, er muss mich ent-schuldigen. Er muss mir die Schuld nehmen. Erst wenn er dazu Ja sagt, kann Versöhnung entstehen. So gehören also unter uns Menschen zwei Dinge zur Versöhnung: die eigene Einsicht und das Leiden unter dem Versagen, sowie auf der Seite des „Opfers" die Gewährung der „Ent-schuldigung".

Genau diesen Weg, den es in allen Kulturen gibt, wenn Menschen wieder in Frieden miteinander leben wollen, genau diesen Weg wählt nun Gott selbst. Jesus nimmt als unschuldiger Mensch ein ungerechtes Todesurteil an, weil ihm stellvertretend für alle Menschen aller Zeiten alle Sünden buchstäblich Leid tun. Er nimmt freiwillig das Leiden um unserer Sünden willen auf sich. Paulus sagt dazu: „*Er hat den, der keine Sünde kannte, für uns zur Sünde gemacht, damit wir in ihm Gerechtigkeit Gottes würden*" (2 Kor 5,21). Da er aber nicht nur ein Mensch ist, sondern zugleich auch Gott, bittet er nicht nur um Entschuldigung, sondern gewährt sie auch, und schafft so Versöhnung. Er wandelt Sünde und Tod in Leben und Liebe. So betet er in seiner Todesstunde für seine Mörder: „*Vater vergib ihnen, denn sie wissen nicht, was sie tun!*" (Lk 23,34). Er schenkt sogar denen Versöhnung, die ihm alle Grausamkeiten zugefügt haben. Und dem Verbrecher, der mit ihm gekreuzigt wurde und ihn um Verzeihung bittet, sagt er: „*Heute noch wirst du mit mir im Paradies sein.*" (Lk 23,43)

Gott braucht kein Menschenopfer. Gott opfert sich selbst, um den Menschen Versöhnung zu schenken. Er nimmt alle von Menschen veranstaltete Bosheit auf seine Kappe. Der Kreuzestod Jesu bleibt ein Geheimnis – Geheimnis nicht nach dem Motto „top secret", sondern Geheimnis, weil Gottes Tun größer ist als das, was wir mit unserem kleinen Verstand erfassen können. Aber es bleibt nicht bei seinem grausamen Kreuzestod …

1.8. Befreiung durch die Auferstehung

Wäre das Kreuz die Endstation Jesu gewesen, so wäre sein Leben tatsächlich gescheitert. Das umwerfendste und größte Ereignis in der Geschichte dieser Welt ist die Auferstehung Jesu Christi mit Leib und Seele. Zunächst ein Blick auf das, was die Evangelien überliefern; bei allen Unterschieden im Detail schildern sie übereinstimmend folgende Fakten: Christus ist tatsächlich gestorben. Noch an seinem Todestag wird er bestattet, und zwar in aller Eile, weil am Tag danach ein großer Feiertag ist, das Pascha-Fest. Obwohl Jesus es mehrfach angekündigt hat, seine Jünger rechnen nicht mit seiner Auferstehung. Am Morgen des 3. Tages geht Maria Magdalena zum Grab. Sie ist die erste, die – von einem Engel – die Botschaft von der Auferstehung hört. Sie glaubt und berichtet den Aposteln davon. Nur mühsam kommen sie zum Glauben. Jesus erscheint dann auch den Aposteln. Soweit das Zeugnis der Evangelien.

Der Apostel Paulus hat um das Jahr 50, also etwa 17 Jahre nach den Ereignissen in Jerusalem, einen Brief an die Gemeinde in Korinth geschrieben. Darin berichtet er von der Auferstehung. Wörtlich heißt es: „*Denn vor allem habe ich euch überliefert, was auch ich empfangen habe: Christus ist für unsere Sünden gestorben, gemäß der Schrift, und ist begraben worden. Er ist am dritten Tag auferweckt worden, gemäß der Schrift, und erschien dem Kephas, dann den Zwölf. Danach erschien er mehr als fünfhundert Brüdern zugleich; die meisten von ihnen sind noch am Leben, einige sind entschlafen.*“ (1 Kor 15,3-6) Wäre die Sache mit der Auferstehung ein Hirngespinst, so hätte man es leicht als solches mit Hilfe dieses Textes entlarven können. Sich auf fünfhundert Augenzeugen zu berufen für einen Betrug, wäre mehr als dumm. Keine Frage, von Beginn an glaubten die Christen, dass Jesus Christus – wahrer Gott und wahrer Mensch – wirklich mit Leib und Seele von den Toten auferstanden ist. Dabei ist er nicht einfach in dieses Leben zurückgekehrt. Einerseits war er zwar eindeutig identifizierbar, er trug die Wundmale. Auch hatte er nach seiner Auferstehung mit seinen Jüngern gegessen und getrunken. Andererseits war er nicht mehr an die Gesetze dieser Welt gebunden: Er konnte durch geschlossene Türen gehen und – wie eben gehört – vielen Menschen zugleich erscheinen. Diese Begegnungen mit dem Auferstandenen endeten gemäß übereinstimmender Überlieferung nach sechs Wochen. Wie von ihm angekündigt, kehrte Jesus Christus dann heim zu seinem Vater im Himmel.

Das Zeugnis der Heiligen Schrift ist eindeutig. Gibt es darüber hinaus weitere Indizien für die Wahrhaftigkeit dieser Berichte? Das für mich beeindruckendste außerbiblische Zeugnis ist die Archäologie. Jerusalem wurde im Jahr 70 n. Chr. von den Römern zerstört – auch der Tempel. Sie zerstörten alle jüdischen Kultstätten. Um dem jüdischen Glauben endgültig den Garaus zu machen, setzten sie an deren Stelle Tempel ihrer Gottheiten. Zu dieser Zeit unterschieden die Römer nicht zwischen Juden und Christen. Und so setzten sie einen solchen Tempel auch auf den Felsen Golgatha – dorthin, wo Jesus hingerichtet wurde. Golgatha lag vor der Stadt und war niemals eine jüdische Gebetsstätte. Aber offensichtlich war er doch eine Gebetsstätte, nämlich eine der Christen, die diesen Ort als den Ort des Todes, aber auch der Grablegung Jesu und damit der Auferstehung ehrten. Über die Jahrhunderte hinweg markierten so die Römer unbewusst den Ort von Tod und Auferstehung Jesu. Und nicht nur das, sie markierten damit den von Beginn an lebendigen Glauben der Christen an die Auferstehung Jesu Christi an diesem Ort.

Man könnte noch eine ganze Reihe von Argumenten anfügen. Von Beginn an sind Christen für ihren Glauben gestorben. Das belegt, dass die Auferstehung für sie wichtiger war als ihr eigenes Leben. Auch erwähnen verschiedene antike Geschichtsschreiber zumindest am Rande die Christen und ihren Glauben (z. B. Flavius Josephus, + 100 n. Chr., Tacitus, + 120 n. Chr. und Sueton, + 126 n. Chr.).

Durch all diese Hinweise ist das Ereignis der Auferstehung Jesu besser belegt, als viele anderen Ereignisse der Antike sind, die nicht bezweifelt werden. Trotzdem: Wir kommen um unsere persönliche Glaubensentscheidung nicht herum. Gott zwingt uns nicht zum Glauben an die Auferstehung und damit an die Realität der Erlösung. Doch wenn ich dazu Ja sage, wenn ich Gott zutraue, dass er dies tatsächlich geschehen ließ, dann öffnet sich mir eine andere Welt, eine Welt der „Freiheit der Kinder Gottes.“ (vgl. Paulus, Brief an die Römer 8,21) Schuld und Sünde sind nicht länger die bleibende und unaufhebbare Katastrophe der Menschheit. Gott hat uns in Jesus Christus die Hand der Versöhnung gereicht. Der Tod ist nicht mehr die schwarze, grauenerregende Wand, hinter der das Nichts ist, sondern Tor zu einem Leben in der Herrlichkeit der Kinder Gottes. Und wenn das so ist, dann stimmt auch das, was uns Jesus Christus als letztes Wort auf Erden hinterlassen hat: *„Ich bin bei euch alle Tage bis zum Ende der Welt.“* (Mt 28,20)

1.9. Der Heilige Geist – und der dreifaltige Gott

Dass es ein höheres Wesen gibt, darauf kann man mit seinem bloßen Verstand kommen. In allen Völkern und Kulturen gibt es einen irgendwie gearteten Glauben an eine höhere Macht. Und dieses größere Etwas geht weit über unseren Verstand hinaus; wir können es nicht erfassen. Und doch, nach unserem christlichen Glauben hat Gott sich uns Menschen gezeigt. Er hat uns einen Einblick gewährt in das Geheimnis seines Gottseins, den wir nie aus eigener Kraft erlangen könnten. Gott hat sich nicht als „etwas" gezeigt, sondern als „jemand", als ein Du, das uns anspricht, und das wir ansprechen können. Aber nicht nur das, Gott hat sich gezeigt als eine Einheit aus drei und in drei „Du"-Personen. Da ist vom Vater die Rede. Christus spricht immer wieder von ihm und bringt seine Botschaft zu uns. Da ist vom Sohn die Rede, der eben Mensch geworden ist. Wir haben dieses Geheimnis bereits bedacht. Aber da ist auch vom Heiligen Geist die Rede. Er ist für unser Verstehen am Schwersten zu fassen. Unter Vater und Sohn können wir uns ja immerhin etwas vorstellen, wenn auch nur in menschlichen Kategorien. Aber der Heilige Geist übersteigt unsere Vorstellungskraft endgültig. Was kann uns helfen, ihn zu verstehen?

Wenn Mann und Frau zueinanderfinden, sich gernhaben und zu einem Paar werden, dann ist doch das Verbindende dieses Paares die Liebe. Die Liebe geht von beiden aus und verbindet sie zugleich. Es gibt Lieder und Gedichte, in denen die Liebe wie eine eigene Person besungen und bejubelt wird. Der Heilige Geist ist die Liebe, die vom Vater und vom Sohn ausgeht und beide miteinander verbindet, und zwar so verbindet, wie es irdisch nicht denkbar ist. Denn wir glauben nicht an drei Götter, sondern an einen Gott in drei Personen. In Bildern wird dies oft dargestellt durch ein Dreieck (die drei Seiten bilden *ein* Dreieck). Diese Liebe Gottes, die Gott selbst ist – sie fließt sozusagen über und wird uns Menschen geschenkt. Paulus bringt es auf den Punkt, wenn er schreibt: *„Die Liebe Gottes ist ausgegossen in unsere Herzen durch den Heiligen Geist, der uns gegeben ist.*" (Röm 5,5) Der Heilige Geist ist also in diesem Sinne Brücke zwischen Gott und uns. Er ist der, der unsere Beziehung, unsere Liebe zu ihm erst ermöglicht. Durch den Heiligen Geist kann Gott in unseren Herzen ankommen und dort wirken und uns verwandeln. In jedem noch so kleinen Akt des Glaubens und der Liebe ist der Hl. Geist unsichtbar am Werk.

Den Jüngern wurde dieser Heilige Geist am Pfingsttag in Jerusalem geradezu spektakulär geschenkt. (vgl. Apg 2,1-13) Da ist von einem heftigen Sturm die Rede, von einem Brausen vom Himmel und von Feuerzungen. Halten wir uns vor Augen: Die Jünger waren die, die Christus nachfolgten, aber ihn im entscheidenden Augenblick – bis auf wenige Ausnahmen – alleine ließen, ihn sogar verrieten und verleugneten. Sie hatten Angst und versteckten sich. Und genau diese sind es, die erfüllt vom Heiligen Geist am Pfingsttag auf die Straßen von Jerusalem gingen und die Botschaft vom Auferstandenen verkündeten, und zwar so, dass jeder sie in ihrer Muttersprache verstehen konnte. Der Heilige Geist hatte auf die Jünger geradezu umstürzende Wirkung. Angst und Zweifel wurden verwandelt in Stärke und Glauben – man kann ja wohl nur dann öffentlich laut etwas verkünden, wenn man davon wirklich und restlos überzeugt ist.

Verbunden mit diesem Glauben schenkte der Heilige Geist den Jüngern Furchtlosigkeit. Angst ist etwas sehr Menschliches. Angst kann lähmen und einengen, macht unfrei und ist dann kein guter Ratgeber. Daher verschlossen die Jünger nach dem Tod Jesu ihre Türen und versteckten sich. Der Heilige Geist befreite sie von dieser Furcht, vor der Furcht vor Verfolgung, aber auch vor der Furcht, verlacht oder verspottet zu werden. Die Botschaft vom Sieg Jesu über den Tod ist so großartig, dass alle Ängste zweitrangig sind.

Und noch eines war an den Aposteln spürbar, was uns in allen Zeugnissen über ihr Wirken überliefert ist: Sie verkündeten mit Freude. Und diese Freude änderte sich nicht einmal, als sie verhaftet und geprügelt wurden. Sie *„freuten sich, dass sie gewürdigt worden waren, für seinen Namen Schmach zu erleiden."* (Apg 5,41) An diesem Pfingsttag – 50 Tage nach der Auferstehung Jesu – hat Christus das eingelöst, was er seinen Jüngern versprochen hatte: *„Der Beistand aber, der Heilige Geist, den der Vater in meinem Namen senden wird, der wird euch alles lehren und euch an alles erinnern, was ich euch gesagt habe."* (Joh 14,26) Der Heilige Geist ist der bleibende Beistand der Gläubigen. Wenn du den Schritt des Glaubens tust, dein Ja zu Jesus Christus gibst, dann ist es der Heilige Geist, der dies möglich macht. In all dem, was gut und recht ist in unserem Leben, ist der Heilige Geist am Werk, unsichtbar, aber wirksam. Er verbindet unser Innerstes, unser Herz mit Gott. *„Die Liebe Gottes ist ausgegossen in unsere Herzen ..."* (Röm 5,5).Auf diese Art wirkt Gott in uns und durch uns. So können wir tatsächlich zu Instrumenten werden, in denen und durch die Gottes Melodie in dieser Welt zum Klingen gebracht wird.

1.10. Gott in Leid und Not der Welt

Wie kann Gott das Leid in der Welt zulassen? Diese Frage bewegt und bedrückt die Menschheit nicht erst heute. In den Religionen der Antike oder auch manchen Naturreligionen wird das Leid als „Laune" der Götter gesehen, der man ausgeliefert ist. Besonders im Judentum fest verankert ist der sogenannte „Tun-Ergehen-Zusammenhang". Leid als Strafe Gottes, Glück als Lohn. Doch wird im Alten Testament im Buch Ijob (sehr lesenswert) das Leid aus anderer Perspektive betrachtet: Ijob wird alles genommen, was ihm lieb ist, er fällt in großes Elend. Die Botschaft des Ijob: Leid ist nicht Strafe, sondern Prüfung. *„Der Herr hat gegeben, der Herr hat genommen; gelobt sei der Name des Herrn."* (Ijob 1,21) Die Frage nach dem Leid ist nicht leicht zu beantworten. Denn wie passt das zusammen? Wir glauben an einen Gott, der uns nahe ist, der sich uns zuwendet und liebt, der seinen einzigen Sohn verschenkt, um uns zu retten. Doch andererseits scheint er geradezu unbeteiligt zuzuschauen, wie sich die Menschheit gegenseitig quält und ihre Lebensgrundlagen zerstört. Und wo ist er in Krankheit und unverschuldetem Leid? Um es vorweg zu nehmen, auch ich habe darauf keine alles erschöpfende Antwort. Aber es gibt einige Gesichtspunkte, die mir helfen, mich einer Antwort auf die Frage nach Gott im Leid zu nähern.

Erinnern wir uns: Gott hat den Menschen aus Liebe und zur Liebe geschaffen. Er wollte in ihm ein Wesen haben, das bereit ist, seine Liebe zu beantworten. Aber Liebe geht nun mal nur in Freiheit. Wer dich zur Liebe zwingen will, hat schon verloren. Freiheit bedeutet aber auch, die Möglichkeit zu haben, sich gegen die Liebe zu entscheiden. Und da Gott das „Projekt Mensch" ernst meint, tut er nicht nur so, als würde er uns Freiheit geben, sondern er gibt sie uns wirklich. Und so „erträgt" er es auch, wenn wir uns gegen ihn entscheiden. Wenn ein kleines Kind auf die Straße rennt, weil es die Gefahr nicht erkennt, halten es die Eltern zurück – notfalls mit (sanfter) Gewalt. Gott behandelt uns nicht wie kleine Kinder, sondern wie Erwachsene. Er erklärt uns Ziele und Gefahren, bietet uns Schutz und Hilfe an, aber er lässt uns gehen, wenn wir das alles ausschlagen. Ein Grund für das Leid in der Welt ist dieser unfassbare Respekt Gottes vor unserer Freiheit.

Ein weiterer Gesichtspunkt beruht auf der Glaubenserfahrung unzähliger Christen: Gott lässt den Menschen im Leid nicht allein. Gott ist bei den Leidenden. Er gibt Trost und Halt – wenn ich es zulasse. Auch hier respektiert Gott meine Freiheit. Es beeindruckt mich immer wieder, Menschen zu begegnen, die mir trotz objektiv großen Leides sagen, dass sie sich stets in Gottes Hand geborgen fühlen.

Ein anderer Aspekt ist die Perspektive der Hoffnung. Nach christlicher Überzeugung ist dieses irdische Leben nur Vorspann zum Eigentlichen. Paulus spricht von der „Freiheit und Herrlichkeit der Kinder Gottes", die uns erwartet. Gleichzeitig spricht er von „Geburtswehen", in denen die Welt liegt (vgl. Röm 8,21-22). Immer wieder bewegt mich, wenn mir junge Mütter erzählen, wie die Freude über die Geburt die schlimmen Schmerzen derselben vergessen machen: Ein Vorgeschmack des Himmels.

Wenn ich eine besonders innige Freundschaft mit Christus pflege, erhält das eigene Leid noch einmal eine tiefere, über mein irdisches Leben hinausreichende Bedeutung. Christus hat freiwillig unsäglich für uns gelitten. Ich kann ihm mein Leid und meine Not als Zeichen meiner Liebe und Verbundenheit schenken. Beim Kreuzweg Jesu taucht ein Mann namens Simon von Kyrene auf (vgl. Mk 15,21-22). Er wird von den Soldaten gezwungen, das Kreuz tragen zu helfen. Die Last des Kreuzes Jesu spürt er am eigenen Leib und entlastet so Jesus. Wenn es mir gelingt, mein Leid in der Haltung eines Simon von Kyrene anzunehmen, wenn ich es für und mit Christus trage, dann gewinnt mein Leid einen übernatürlichen Sinn. Seit dem Leiden und Kreuz Jesu Christi gibt es so für den Gläubigen, in der Freundschaft mit Christus Lebenden, kein wirklich sinnloses Leid mehr in dieser Welt. Alles kann mit ihm verbunden werden, ja sogar mit ihm zu einem Akt der Liebe werden. Unvergesslich ist mir die Begegnung mit einem etwa 60jährigen Mann, der Zeit seines Lebens durch Querschnittslähmung und viele andere Krankheiten gezeichnet war. Ich habe selten einen froheren Mann kennengelernt. Er wusste sich ganz und gar mit Christus am Kreuz verbunden und von ihm getragen.

Diese Gedanken erklären nicht die Ursache des Leidens in der Welt und entschlüsseln auch nicht das Geheimnis Gottes. Doch können sie dazu beitragen, das Leid nicht nur zu ertragen, sondern als Ort zu entdecken, an dem Gott zu finden ist.

2. FREUND

Wir glauben an einen Gott, der mit jedem einzelnen Menschen eine ganz persönliche tiefe Freundschaft eingehen will.

In der Taufe schließt Gott tatsächlich seinen untrennbaren Bund mit uns als seinen Kindern. Er zwingt uns das damit verbundene Freundschaftsangebot aber nicht auf, sondern respektiert unsere Freiheit, weil Liebe und Freundschaft nur in Freiheit möglich sind.

2.1. Gott – Leben, Liebe und Gemeinschaft in sich

Unser christliches Gottesbild unterscheidet sich von allen anderen Gottesbildern der Welt. Da gibt es zum Beispiel die Gottesvorstellung, die vor allen Dingen in den asiatischen Religionen vorkommt. Gott ist nicht das Du als Gegenüber, sondern es gibt das Göttliche, das in dieser Welt allgegenwärtig ist und immer wieder auftaucht. So werden im Hinduismus unzählige Gottheiten auch in Statuen verehrt. Das Göttliche ist in ihnen – manchmal nur für eine gewisse Zeit – präsent. In dieser Religiosität gibt es auch besondere Naturerscheinungen oder Orte in der Natur, in denen das Göttliche besonders präsent ist.

In der Glaubenswelt des Islam ist Allah der ganz Jenseitige. Er steht der Welt gegenüber als ein Du, das ansprechbar ist. Aber er kommt nicht selbst in diese Welt, sondern schickt seinen Propheten.

Aufgrund der Offenbarung der Heiligen Schrift glauben wir als Christen an einen dreifaltigen Gott. Auch wir glauben, dass Gott ein ansprechbares Du ist und der Schöpfung gegenübersteht. Schöpfer und Geschöpf sind voneinander unterschieden. Aber er ist nicht das einsame Du, das auf das Du der Menschen angewiesen ist, damit er aus seiner Einsamkeit befreit wird. Gott ist in sich Gemeinschaft aus Vater, Sohn und Heiligem Geist.

Die Taufe Jesu gibt uns ein wenig Einblick in diese innergöttliche Beziehung. Im Markus-Evangelium heißt es dazu: „*Und sogleich, als er aus dem Wasser stieg, sah er, dass der Himmel aufriss und der Geist wie eine Tau-*

be auf ihn herabkam. Und eine Stimme aus dem Himmel sprach: Du bist mein geliebter Sohn, an dir habe ich Wohlgefallen gefunden." (Mk 1,10-11) Der Vater liebt den Sohn ganz und gar. Menschlich gesprochen bekennt sich in dieser Begebenheit der Vater mit Stolz zu seinem Sohn. Begleitet wird dies durch den Heiligen Geist, der in Gestalt einer Taube sichtbar wird. Hier gibt Gott etwas von seinem Innersten preis. Der Vater geht ganz auf in der Liebe zum Sohn und der Sohn in der Liebe zum Vater. So sagt Jesus einmal: „*Ich und der Vater sind eins.*" (Joh 10,30) Er ist ganz Liebe zu seinem Vater, und der Heilige Geist ist eben in Person diese Liebe, die so stark ist, dass der dreifaltige Gott eine unlösliche Einheit bildet. Hier freilich endet unsere Denk- und Vorstellungskraft. Gott ist um ein Unendliches größer als das, was wir mit dürren menschlichen Worten ausdrücken können. Und dennoch ist es nicht falsch.

Geht es hier eigentlich nur um theologische Spitzfindigkeiten, oder hat das etwas mit meinem Leben zu tun? Dieser Frage möchte ich in den nächsten Punkten nachgehen. Aber um sie zu beantworten, will ich zunächst betrachten, wie sich Gott uns gezeigt hat.

2.2. Mensch – Abbild Gottes

Die Schöpfungsgeschichte (Gen 1,1-3) will uns keinen naturwissenschaftlichen Bericht über die Erschaffung der Welt geben. Vielmehr will sie mit Hilfe von Bildern Geschehenes in Worte fassen und uns zugänglich machen. Nach unserer Überzeugung sind bei der Abfassung dieses Textes nicht nur Menschen am Werk, sondern Gott selbst durch die Kraft des Heiligen Geistes. In diesem Schöpfungsbericht nun steht etwas ganz Erstaunliches über die Erschaffung des Menschen. Mutmaßlich hat kein Wort der Bibel weltweit durch die Geschichte eine solche Wirkung entfaltet wie dieses: „*Gott erschuf den Menschen als sein Bild, als Bild Gottes erschuf er ihn. Männlich und weiblich erschuf er sie.*“ (Gen 1,27) Wenn wir im Grundgesetz für die Bundesrepublik Deutschland, Artikel 1 lesen: „*Die Würde des Menschen ist unantastbar*“, dann wird anerkannt: Der Mensch hat nicht Wert, sondern Würde. Das Wort „Wert“ stammt aus der Ökonomie. Wert ist abhängig von Angebot und Nachfrage. Die Würde ist dagegen nicht vom Menschen zuerkannt. Würde ist menschlicher Verfügbarkeit entzogen. Sie stammt von Gott. Dieser so wichtige und grundlegende Artikel unserer Verfassung ist ein Echo des Schöpfungsberichtes.

Der scheinbar unüberbrückbare Unterschied zwischen Schöpfer und Geschöpf wird von Gott selbst überbrückt. Wir tragen sein Bild in uns. Wir sind nicht nur Produkt eines besonderen Chromosomensatzes, der unsere Körperlichkeit bestimmt. Wir sind mehr als unsere sichtbare, fassbare, berührbare Seite. Wir haben etwas, das uns Gott ähnlich macht – eine ungeheure Aussage! – und uns in gewisser Weise mit ihm verwandt macht. Wir nennen dieses Etwas „Seele“. Durch die Seele sind wir nicht ein „Etwas“, sondern ein „Jemand“. Die Seele des Menschen birgt das Bild Gottes in sich. Aber dieses Bild Gottes ist in jedem Menschen unterschiedlich und einmalig ausgeprägt. Die Seele durchlebt unseren Körper so, dass wir Personen mit Leib und Seele werden, die die Fähigkeit haben zu lieben, zu erkennen, zu wollen, zu glauben. Durch diese Seele gibt es einen „Draht zu Gott“, tragen wir die Sehnsucht nach ihm in uns.

Stopp! Ist das wirklich so, oder wollen es uns die Theologen einreden? Haben wir diese Sehnsucht nach Gott tatsächlich in uns? Viele Menschen scheinen doch ganz gut ohne den lieben Gott auszukommen. So unterschiedlich wir Menschen sind, so sehr sehnt sich doch jeder Mensch immer nach einem Mehr, einem Mehr an Wissen, einem Mehr an Besitz. Ich bin zum Beispiel jemand, der gerne reist. Durch meinen beruflichen Werdegang durfte ich diverse Weltreisen unternehmen. Und ich dachte mir, nun bist du am Ziel deiner Träume. Ich konnte wirklich beeindruckende Erlebnisse sammeln. Doch den absoluten „Kick“ haben sie mir nicht gebracht. Es muss doch ein Mehr geben! Es ist geradezu ein ökonomisches Prinzip, dass die Wünsche von uns Menschen unersättlich sind und wir immer mehr haben und konsumieren wollen: Der Mensch kommt mit den Dingen dieser Welt nicht einfach an ein Ziel. Er sucht immer nach mehr. Und Gott allein kann dieses Verlangen nach Mehr in uns stillen. Denn wir tragen ja sein Bild in uns. Dieses Bild sucht sein Urbild. Und dieses Urbild ist in sich Liebe. „*Gott ist Liebe.*“ (1 Joh 4,8)

Gott schenkt uns seine Liebe, die allein unsere Sehnsüchte erfüllen kann. Wer die Liebe gefunden hat, hat das Glück gefunden. Jede echte Liebe zwischen Menschen ist auch ein Bild der Liebe Gottes zu uns und damit eine gute Brücke zu Gott selbst, der Quelle aller Liebe.

Wie sieht es nun aus mit der Seele? Gibt es die wirklich? Natürlich kann man die Seele nicht anfassen und nicht sehen, so wie ich ja meinen Geist auch nicht sehen und anfassen kann. Und dennoch gibt es sie. Die Seele ist eine geistige Wirklichkeit. Sie durchdringt den Leib und erfüllt ihn mit Leben. Aus der Seele gehen die geistigen Kräfte des Menschen hervor.

Ich kenne z. B. eineiige Zwillinge, deren Erbgut absolut identisch ist, die aber völlig unterschiedliche Charaktere haben. Obwohl sie in derselben Umgebung, mit denselben Eltern, im selben sozialen Umfeld groß geworden sind. Jede Seele ist eben ein einmaliges Schöpferwerk Gottes.

Wenn wir uns dies vor Augen halten, dann wird nicht nur plausibel, weshalb der Mensch eine einmalige unantastbare Würde hat, die ja Grundlage unserer gesamten freiheitlichen demokratischen Lebensordnung ist, dann werden auch die Ursehnsüchte des Menschen und deren Ursprung deutlich. Jeder Mensch sehnt sich zum Beispiel nach Liebe. Ungeliebt zu sein, ist die Katastrophe schlechthin. Warum ist das so? Wir tragen das Bild dessen in uns, der die Liebe schlechthin ist. Wir sehnen uns nach Gemeinschaft. Isoliert sein, nicht dazugehören, das ist für uns so etwas wie die Hölle auf Erden.

Warum? Wir tragen das Bild dessen in uns, der in sich Gemeinschaft in Fülle ist. Auch sehnen wir uns nach einem Leben, das mehr ist als ein Dahinvegetieren. Wir wollen die Kräfte, die in uns sind, entfalten und großmachen. Weil wir das Bild dessen in uns tragen, der in sich Leben in Fülle ist. Welch eine Würde haben wir Menschen! Das bedeutet auch: „Adel verpflichtet!“ Wir tragen Verantwortung und Gott traut uns eine Menge zu …

2.3. Gottes Sehnsucht nach mir

Es gibt etwas, das uns alle verbindet, nämlich die Sehnsucht nach Liebe, und zwar zu lieben und ebenso geliebt zu werden. Nichts bewegt uns Menschen so sehr. Nicht ohne Grund ist deshalb Liebe das Thema Nummer eins. Warum ist das eigentlich so? Nach den bisher angestellten Überlegungen ist die Antwort recht klar. Gott ist in sich Beziehung, und wir sind als seine Abbilder Beziehungswesen. Gott ist in sich Liebe, und wir als sein Bild sehnen uns ebenso nach Liebe. Und bevor uns irgendein Mensch seine Liebe schenkt, sind wir von Gottes Liebe beschenkt. Gott ist ewig, und noch vor Erschaffung der Welt ist jeder von uns schon im Plan Gottes vorhanden. Der Grund dafür, dass es mich gibt, ist, dass Gott mir seine Liebe schenken will. Das erste große Geschenk seiner Liebe ist die Tatsache, dass wir da sind, und dass er uns mit dem Beginn unseres Daseins eine unsterbliche Seele geschenkt hat. Mit Leib und Seele sind wir als Bild Gottes erschaffen (vgl. Gen 1,27). Wir Menschen sind für Gott keine anonymen Nummern, keine Serienproduktion, sondern ganz persönlich mit einer eigenen unverwechselbaren Identität beschenkt. In unserer Seele ist von Beginn an die Fähigkeit verankert, selbst Liebe schenken zu können und Liebe zu empfangen.

Kurzgefasst sind wir Menschen also Wesen, die liebesfähig und liebesbedürftig sind. Wenn wir als Babys auf die Welt kommen, sind wir noch nicht fähig, selbst Liebe zu schenken, vielmehr sind wir darauf angewiesen, dass es Menschen gibt, die uns lieben. Und sehr schnell entwickeln auch Kleinstkinder ein Gespür dafür, bei wem sie sich geborgen wissen dürfen. Je älter ein Kind wird, desto mehr bildet sich seine Liebesfähigkeit heraus. Und schon recht kleine Kinder wissen, wen sie mögen und wen nicht.

Gott sehnt sich danach, dass wir ihn „mögen“, dass wir in ihm eine Geborgenheit finden, die uns niemand in dieser Welt geben, aber auch niemand nehmen kann. Gott will, dass wir uns für ihn entscheiden. Er sehnt sich nach unserem Ja zu ihm. Er ist der, der uns großmachen will, der die Begabungen, die jeder von uns hat, zur Entfaltung bringen möchte.

Es gibt Phasen im Leben, in denen es uns schwerfällt, uns selbst anzunehmen und zu lieben. Wir wären vielleicht gerne anders, würden gerne manche Fähigkeiten haben und manche Schwächen nicht. Eventuell leiden wir auch unter unseren Mängeln. Dann kommen wir zu Selbstzweifeln bis hin zur Selbstverachtung. Wer bin ich denn schon? Was kann ich denn schon? Wie sehe ich bloß aus? Doch auch wenn wir selbst uns mal nicht annehmen und lieben können: Gott sagt von Ewigkeit her Ja zu uns, so wie wir sind, mit unseren Stärken und Schwächen. Natürlich möchte er, dass wir Gutes tun und Böses meiden. Und er ist – menschlich gesprochen – traurig, wenn wir Wege gehen, die in die Irre führen. Aber eins tut er nie: Sein Ja zu uns zurückzuziehen! Seine Liebe bleibt, immer und in jedem Augenblick. Und er sehnt sich danach, dass wir ihn entdecken, dass er unser ein und alles ist. Aber seine Sehnsucht nach uns tut er unaufdringlich kund. Er bedrängt uns nicht und nimmt uns nicht unsere Freiheit. Er macht sich so laut bemerkbar, dass wir ihn wahrnehmen können, aber auch so leise, dass wir ihn überhören können.

Zusammengefasst: Wir sind von Gott geliebt, gewollt, gewünscht. Unsere Seele ist von ihm erschaffen. Er hat uns mit Gaben ausgestattet, die uns großmachen sollen. Eines dürfen wir deshalb nie tun: Klein und gering von uns denken, denn Gott ist es, der hinter uns steht und uns erhebt. Wir haben allen Grund, mit Selbstbewusstsein durchs Leben zu gehen. Unser Leben steht auf einem festen, unerschütterlichen Grund, und der ist Gott selbst.

2.4. Glaube – Ja zur Gottesfreundschaft

Was bedeutet eigentlich Glauben im christlichen Sinn? Manche gebrauchen das Wort *Glauben* im Sinn von *Meinen*, etwa: „Ich meine, morgen regnet es!" Glauben in diesem Sprachgebrauch hat nichts mit Überzeugung zu tun, sondern eher mit Vermutung. Keine Frage, Glauben im christlichen Sinn hat damit nichts zu tun. Andere meinen, Glauben bedeutet, eine gewisse Anzahl von Sätzen aufsagen und Bekenntnisse auswendig zu lernen und diese anzunehmen. Nun, das ist nicht ganz verkehrt, denn unser christlicher Glaube enthält natürlich ein Bekenntnis mit verschiedenen Inhalten. Das Apostolische Glaubensbekenntnis zum Beispiel ist ein ganz alter Bekenntnistext, den die Christen bei der Taufe gesprochen haben, als Zeichen, dass sie genau dazu Ja sagen. Aber noch grundlegender als das Ja zu bestimmten Sätzen ist das Ja zu Jesus Christus, ist das Ja zu Gott.

Als der Engel kam und Maria die Botschaft brachte, sie solle Mutter Gottes werden, sagte sie schließlich: „*Mir geschehe wie du es gesagt hast.*" (Lk 1,38) Wie das genau gehen sollte, wusste sie nicht – nur, dass ihr Kind ohne Zutun eines Mannes entstehen würde. Sie wusste, dass sie von Gott angesprochen wurde. Ihr Ja-Wort ist ein großer Vertrauensakt zu Gott, dessen Führung sie sich damit übergibt, dem sie sich vorbehaltlos anvertraut.

Der Evangelist Johannes berichtet uns von der Berufung der ersten Jünger. Johannes der Täufer, dem die beiden bisher gefolgt waren, wies sie auf Jesus hin. Jesus fragte sie: „*Was sucht ihr? Sie sagten zu ihm: Rabbi – das heißt übersetzt: Meister –, wo wohnst du? Er sagte zu ihnen: Kommt und seht! Da kamen sie mit und sahen, wo er wohnte und blieben jenen Tag bei ihm; es war um die zehnte Stunde.*“ (Joh 1,38-40) Das war der Beginn einer wunderbaren Freundschaft der beiden mit Jesus.

Und so beginnt doch eigentlich jede Freundschaft. Man lernt sich kennen und besucht einander. Wenn ich jemanden in mein Zuhause lasse, öffne ich ihm in gewisser Weise auch meine Seele, denn meine Wohnung ist etwas sehr Persönliches. Deshalb fragen die beiden, wo Jesus wohnt. Sie möchten ihn kennenlernen, nicht nur sein Äußeres, sondern auch sein Herz. Sie verlassen fortan Jesus nicht mehr. Hier ist eine Beziehung entstanden, die Bestand hat.

Jahre später – am Abend vor seiner Kreuzigung – verabschiedet sich Jesus von seinen Jüngern und sagt: „*Ihr seid meine Freunde, wenn ihr tut, was ich euch auftrage. Ich nenne euch nicht mehr Knechte; denn der Knecht weiß nicht, was sein Herr tut. Vielmehr habe ich euch Freunde genannt.*“ (Joh 15,14-15) Das Wort Freundschaft, das Jesus hier gebraucht, ist eigentlich ein ungeheuerliches Wort für die Beziehung von Gott und Mensch. Freundschaft ist etwas auf Augenhöhe. Freunde stehen auf einer Stufe. Natürlich bleibt Gott immer der Größere, der Schöpfer des Himmels und der Erde, und dennoch begibt er sich auf unsere Ebene, um uns auf Augenhöhe zu begegnen. Im Grunde zieht er uns auf seine göttliche Augenhöhe. Er vergöttlicht uns. Wie klein macht sich Gott, um seine Größe zu schenken! Bevor wir uns zu Glaubenssätzen aller Art bekennen (auch das gehört, wie gesagt, notwendig zu unserem Glauben dazu), geht es zunächst einmal um unser Ja zu dieser Freundschaft. Hier geht es um einen Akt des Vertrauens, um Annahme einer persönlichen, ja geradezu intimen Liebesbeziehung zu Gott.

Das fällt uns nicht immer leicht. Gerne haben wir die Haltung: „Gott, beweise mir, dass es sich lohnt, zu dir Ja zu sagen. Dann will ich dir auch folgen." Aber das hat wohl kaum etwas mit Vertrauen zu tun, eher schon mit einer geschäftlichen Beziehung, die man nur dann eingeht, wenn sie lukrativ ist. Echte Freundschaften kommen so nicht zustande. Damit Freundschaften wachsen können, ist Vertrauen nötig. Und wenn ich nicht bereit bin, diesen Schritt des Vertrauens zu tun, werde ich – da bin ich kein Prophet – keine Freunde gewinnen. Wie viel mehr gilt das für meine Beziehung zu Gott, der mich, bevor ich irgendetwas tue, mit unendlichem Vertrauen beschenkt.

2.5. Glaube – frei und entschieden

Freundschaften entstehen nur dann, wenn sich die Beteiligten füreinander entscheiden. Das gilt für unsere Freundschaft mit Gott und Jesus Christus genauso. Nun hat sich Gott schon von Ewigkeit her für uns entschieden. Jetzt sind wir am Zuge, uns für ihn zu entscheiden. Doch wie kommen wir zu einer solchen Entscheidung? Was können Schritte sein, tatsächlich Ja zu Jesus Christus zu sagen?

Zunächst einmal kommt es darauf an, in Berührung mit Christus zu kommen. Ich zum Beispiel bin ihm durch meine Eltern und Geschwister begegnet. So war es bei mir, aber Christus begegnen kann jeder überall und jederzeit. Schon in meiner Kindheit gehörte das Gebet, die hl. Messe, das Gespräch über den Glauben und die Beschäftigung damit einfach dazu. So habe ich Jesus wie selbstverständlich kennengelernt, wie auch andere praktische Dinge des Lebens: erst das Krabbeln, dann das Laufen, das Sprechen, dann das Lesen und Schreiben und alles weitere, was das Leben so ausmacht.

Natürlich gibt es zu diesen anderen erlernten Fertigkeiten einen entscheidenden Unterschied. Das kleine Einmaleins wurde mir nicht zur Entscheidung gestellt, ich musste es einfach lernen. Trotz aller religiösen Erziehung: Um meine persönliche Entscheidung, um mein Ja zur Freundschaft mit Christus bin ich deshalb nicht herumgekommen. Irgendwann im Alter von 15 oder 16 Jahren war es dann soweit, dass ich nicht nur das gemacht habe, was meine Eltern und Geschwister mir vorgemacht hatten, sondern dass ich mich selbst entschieden habe, in der Freundschaft mit Christus zu leben.

Auch nachdem ich mich für den Weg der Freundschaft mit Christus entschieden hatte, war damit nicht alles ein für alle Mal klar. Es geht um einen Weg, der mal bequem und mal mühsam ist. Und dann können auch Zweifel und Fragen aufkommen. Ist das eigentlich alles plausibel, was wir über Jesus wissen? Ist er wirklich der Gottessohn? Und ist er tatsächlich von den Toten auferstanden? Es ist wichtig, diese Fragen zu stellen. Wir haben schon einiges über die Historizität der Ereignisse von Tod und Auferstehung Jesu bedacht (vgl. Kap. 1.8.). Besonders Gewicht haben da für mich auch immer die Glaubenszeugen gehabt, die von Beginn an bis zur Gegenwart für diesen Glauben – genauer für Jesus Christus – ihr Leben geopfert haben. Gibt man sein Leben für ein Hirngespinst? In allen Jahrhunderten wurden Christen verfolgt, versuchte man die Kirche zu zerstören. Außerdem gab und gibt es viel Versagen von den Verantwortlichen in der Kirche und von Christen überhaupt. Und dennoch, all das hat nicht dazu geführt, dass dieser Glaube verschwunden ist. Die Tatsache, dass es die Kirche heute noch gibt, ist für mich einer der besten Beweise für die Zuverlässigkeit ihrer Botschaft.

Um mein Ja zu Christus zu sagen, muss ich nicht alles wissen und jeden Zweifel beseitigt haben. Es genügt die Haltung: „Ich weiß nicht alles, manches verstehe ich nicht, aber du, Herr, bist größer als mein Verstand. Und weil ich dir mehr vertraue als meinem Verstand, sage ich Ja zu dir. Hilf mir, dich immer besser kennenzulernen, dich tiefer zu verstehen und immer mehr in dein großes Geheimnis hineinzuwachsen." Die Entscheidung für Christus gründet im Vertrauen. Und das ist das Wichtigste. Wenn ich diesen Schritt tun kann, dann eröffnet sich ein Weg mit immer neuen Erkenntnissen, aber sicher auch mit immer neuen Fragen und Herausforderungen – ein spannender Weg, ein nicht immer bequemer Weg, kurzum ein Abenteuer. Denn eines ist die Freundschaft mit Christus nie: langweilig!

Aber niemand kann mir diese Entscheidung einreden. Niemand kann sie mir aufzwingen. Ich kann sie nur selbst treffen, weil ich ja persönlich von Gott gerufen und angesprochen bin. Deshalb können wir im Grunde nicht sagen: „*Wir glauben*", sondern nur „*Ich glaube*". Ich kann nicht für die anderen mitglauben. Nun leben wir in einer Zeit, in der wir uns gerne alle Entscheidungen offenhalten. Wir wollen frei bleiben im Sinne von: uns nicht binden. Vielleicht haben wir auch Angst vor den Folgen. Meine Bindung und Entscheidung könnte etwas von mir verlangen. Aber wenn es um Beziehungen geht, geht es nicht ohne Bindung. Wenn ich mich nicht für eine Freundschaft entscheide, kann sie nicht wachsen. Gott streckt uns seine Hand entgegen. Wir sind zur Entscheidung herausgefordert. Wer sich im Leben nicht für etwas entscheidet, entscheidet sich am Ende gegen alles. Und das wäre fatal.

2.6. Gottes Weisungen – Weg zu Liebe und Glück

Neben der Sehnsucht nach Liebe ist es mit Sicherheit auch die Sehnsucht nach Glück, die uns alle miteinander verbindet. Oder gibt es jemanden, der nicht glücklich sein möchte? Ich behaupte, Liebe und Glück sind eigentlich austauschbar. Wer die Liebe gefunden hat, hat das Glück gefunden. Wer das Glück sucht, wird es nur finden, wenn er die Liebe entdeckt hat.

Soweit so gut. Aber wie genau komme ich zu Liebe und Glück? Hier gehen die Sichtweisen der Menschen auseinander. Da gibt es Menschen, für die ist der Inbegriff des Glücks Karriere und beruflicher Erfolg. Für andere ist es Wohlstand und Sicherheit. Glücklich bin ich, wenn ich mir möglichst viel leisten kann. Diese oder ähnliche Ziele haben als Teil-Ziel ihre Berechtigung, aber wenn sie zum Lebensziel schlechthin werden, bin ich versucht, meine Mitmenschen, diesem Ziel unterzuordnen, und überhaupt all mein Handeln nach diesem Ziel auszurichten, nach dem Motto: Gut ist, was meinen Zielen dient. Dann steht aber mein Ich im Mittel- und Vordergrund all meiner Überlegungen. Es kann zwar eine Weile dauern bis ich das begreife, doch am Ende bleibt doch: Mein Ich ist unersättlich, aber es genügt mir nicht. Es kann mich nicht selbst glücklich machen. Das eigene Ich kann uns so gefangen nehmen, dass es den Weg zum Du, zur Liebe und damit zum Glück nicht findet. Unser Ich muss befreit werden! Dabei lässt uns Gott nicht allein. Eines der großen Geschenke Gottes an die Menschheit sind die 10 Gebote. Sie wollen uns helfen, das große Ganze nicht aus dem Auge zu verlieren. Sie sind so etwas wie die Leitplanken auf unserem Weg zu Liebe und Glück. Sie wollen uns davor bewahren abzustürzen, uns selbst zu zerstören. Sie wollen verhindern, dass wir Gefangene unseres eigenen Ichs werden.

Die ersten drei der zehn Gebote beziehen sich auf Gott (1. keine anderen Götter, 2. Gottes Namen ehren, 3. den Sabbat/Sonntag heiligen). Sie erinnern uns: Denk daran, über der Erde gibt es einen Himmel, über dem Menschen gibt es Gott. Vergiss ihn nicht. Er ist der Grund deines Daseins und das Ziel deines Lebens. Ohne ihn läuft nichts in deinem Leben. Die anderen Gebote beziehen sich auf unsere Beziehung zu den Mitmenschen (4. Vater und Mutter ehren, 5. nicht töten, 6. nicht ehebrechen, 7. nicht stehlen, 8. nicht falsch aussagen, 9. nicht die Frau des anderen begehren, 10. nicht das Gut des anderen begehren). Sie erinnern uns: „Denk daran, der Mensch neben dir ist genauso von Gott geliebt wie Du. Du hast kein Recht, dich über ihn zu erheben, dich auf seine Kosten zu bereichern oder ihn gar zu beseitigen. Deine Freiheit endet dort, wo die des anderen anfängt."

Das gilt übrigens auch für das – so unbeliebte – sechste Gebot, das die Sexualität betrifft. Die Sexualität ist ein großes Geschenk Gottes, uns gegeben, um Liebe zu schenken und Leben zu stiften. Ohne sie gäbe es uns alle nicht. Aber die Sexualität ist auch eine Leidenschaft, die uns treiben kann, und zwar so sehr, dass der/die andere nichts weiter ist als ein Mittel der eigenen Befriedigung. Das erniedrigt den anderen und am Ende auch uns selbst. Die Gebote sind keine Spielverderber, sondern die Spielregeln, die uns helfen, im Spiel zu bleiben. Hier wird klar: Es geht nicht um Abhaken von formalen Vorschriften, sondern es geht um Grundhaltungen, die sich im Tun und Lassen verwirklichen müssen. Sie kommen nicht von außen und verfremden uns nicht. Vielmehr helfen sie uns, unsere tiefsten Sehnsüchte zu erfüllen.

Jesus selbst toppt sozusagen die 10 Gebote mit einem neuen. Er sagt: „*Ein neues Gebot gebe ich euch: Liebt einander! Wie ich euch geliebt habe, so sollt auch ihr einander lieben.*" (Joh 13,34) Dieses Gebot meint mehr als Gott und die Mitmenschen nur zu achten. Jesus selbst erläutert später, was der Kern dieses neuen Gebotes ist: „*Es gibt keine größere Liebe, als wenn einer sein Leben für seine Freunde hingibt. Ihr seid meine Freunde …*" (Joh 15,13-14; vgl. dazu auch Kap. 4.2) Die Botschaft Jesu an jeden von uns lautet: Ich habe mich für dich verschenkt. Hab keine Angst, dich an mich und deine Mitmenschen zu verschenken. Je mehr du dich verschenkst, desto mehr wirst du selbst beschenkt, denn Liebe und Glück gehören zusammen. Wie gesagt: Wer die Liebe gefunden hat, hat das Glück gefunden.

2.7. Gottesfreundschaft – alltäglich und gesprächig

Jede Freundschaft lebt von Kommunikation. Wie viele Freundschaften schlafen ein, weil man immer weniger miteinander redet und sich schließlich ganz aus den Augen verliert. Kurzum: Freundschaft will täglich neu gelebt werden. Sie ist kein Besitz, den ich ein für alle Mal habe, sondern ein dynamisches Geschehen.

Das gilt ebenso für die Freundschaft mit Christus. Wie bei jeder anderen Freundschaft gibt es auch hier Höhen und Tiefen. Da sind Zeiten, in denen die Freundschaft mit Christus leichtfällt und sie uns unmittelbar Freude bereitet, aber auch Zeiten, in denen sich dieser große Freund wie die Sonne hinter Wolken zu verbergen scheint. Natürlich ist die Sonne auch bei einem wolkenverhangenen Himmel noch da, aber sie ist nicht zu sehen und unmittelbar zu spüren. Wie viele Menschen gibt es, die im Laufe ihres Lebens in guter Freundschaft mit Christus gelebt haben, aber irgendwann ist sie ganz allmählich eingeschlafen?

Was kann ich also tun, um die Freundschaft mit Christus lebendig zu halten? Da ist zunächst das alltägliche Gespräch zu nennen, das Beten. Am besten direkt schon mal am Anfang nach dem Aufstehen, zum Beispiel mit den Worten „Herr, ich will dein Freund sein, und alles was ich heute rede, denke und tue, will ich tun im Namen des Vaters, des Sohnes und des Heiligen Geistes. Amen“. Der Zeitaufwand ist minimal, aber der Tag erhält damit direkt eine Ausrichtung auf ihn. Natürlich reicht das nicht. Es ist gut, Christus in den Alltag zu lassen, mit ihm die Freuden, Sorgen, Ängste,

Pflichten und Aufgaben zu besprechen und ihn einfach um Hilfe zu bitten. Ich erlebe regelmäßig Folgendes: Wenn ich eine bestimmte Aufgabe – zum Beispiel ein schwieriges Gespräch – vorher dem Herrn empfehle, gelingt es besser, denn er ist mit dabei. Eine große Hilfe sind darüber hinaus einige formulierte Gebete, die man auswendig kann. Hierhin gehört an erster Stelle natürlich das Gebet, das Jesus uns gelehrt hat: das Vaterunser.

Von unschätzbarem Wert ist die Heilige Schrift mit den Evangelien an der Spitze. Sich für sie zu interessieren, in ihnen zu lesen, bedeutet sich für Christus zu interessieren, in seinem Leben zu lesen. Hier gibt es übrigens einen kleinen Trick, der helfen kann, Jesus vor Augen zu haben. Wenn dort von ihm die Rede ist, kann ich beim Lesen die dritte Person in die zweite Person wandeln. Also statt „Jesus ging am See Genezareth entlang“: „Du gingst am See Genezareth entlang“. Es hilft mir, leichter in ein persönliches Gespräch mit ihm zu kommen.

Wir sind gewöhnt, untereinander immer wieder mit unseren Smartphones kurze Nachrichten zu senden. Das geht mit Gott auch. Nur benötigen wir dazu kein Smartphone und keinen Messenger. Kurze Gebetsanrufungen wie: „Jesus, hilf mir. Jesus, ich danke dir. Jesus, ich vertraue auf dich.“ Der Fantasie sind hier keine Grenzen gesetzt.

Ein „Muss“ ist es auch, den Tag mit Gott zu beschließen, vor dem Schlafengehen zu danken für das, was gut war, ihn zu bitten in den persönlichen Anliegen, die einen bewegen, aber auch um Verzeihung zu bitten, wo Dinge einfach misslungen sind, und am besten noch einen kleinen Vorsatz für den kommenden Tag zu fassen.

All diese Elemente sind an sich wenig zeitaufwendig. Die Ausrede: „Ich habe keine Zeit zum Beten“ gilt nicht! Lieber weniger beten und das täglich, als ab und zu ganz viel. Je mehr du Christus in deinen Alltag lässt, desto mehr wird dein Alltag von ihm durchdrungen und geformt. Die Freundschaft wächst und gewinnt an Stabilität.

Aber wie antwortet Gott? Antwortet er überhaupt? In den seltensten Fällen antwortet er hörbar. Manchmal antwortet er mit einer konkreten Hilfe, die du erbittest. Manchmal antwortet er dadurch, dass dein Leben mit Christus dir eine innere und bleibende Freude bereitet. Manchmal antwortet er viel später und auf unerwartete Weise. Aber eines ist sicher: Er hört dir zu und ist bei dir. Und für mein Leben kann ich sagen: Die Freundschaft mit Christus entdeckt zu haben, ist das Beste, was mir passiert ist. Die möchte ich auf keinen Fall wieder hergeben.

2.8. Gottesfreundschaft – Lebensweg und -berufung

Gott ist nicht nur der, der unsere Seele geschaffen hat, der sich uns zuwendet, uns seine Freundschaft anbietet. Gott hat einen Plan – nicht nur für die ganze Welt, sondern konkret für jeden von uns. Es mag uns so vorkommen, dass wir uns im großen Weltgeschehen, im Horizont der Weltgeschichte wie ein kleines bedeutungsloses Staubkörnchen fühlen. Aber es ist nicht so. Gott kann durch einen Menschen unheimlich viel bewirken. Im Mittelalter lebte die hl. Katharina v. Siena (*1347 in Siena/+1380 in Rom); in einer Zeit, als es sehr viel Durcheinander in der Kirche gab. Die Päpste kümmerten sich mehr um weltliche Dinge und Politik als um die Kirche. Sie lebten zum Beispiel nicht mehr in Rom, sondern in Avignon. Das hatte machtpolitische Gründe. Durch viele Briefe mahnte Katharina die Päpste an ihre Pflichten. Und tatsächlich kamen sie dann auch wieder zurück nach Rom. Das kleine Mädchen aus Siena hat Großes für die Erneuerung der Kirche in der damaligen Zeit getan. Ich verehre z. B. besonders den hl. Johannes Don Bosco (1815-88), er war ein großer Jugendseelsorger, hat tausende Jugendliche buchstäblich von der Straße geholt und ihnen Liebe, Glaube, Vertrauen, Freundschaft und Bildung geschenkt. Oder was hat z. B. die hl. Mutter Teresa von Kalkutta, diese kleine aus Albanien stammende Frau, in ihrem Leben nicht alles bewirkt?

Nun denkst du vielleicht: OK, das sind ja besondere Ausnahmen. In der Tat, keiner von uns muss eine hl. Katharina, ein hl. Don Bosco oder eine hl. Mutter Teresa werden. Und doch hat Gott einen Plan für dich und für mich. Und er möchte auch mit uns Großes vollbringen. Das, was er mit uns vollbringen will, ist nicht ein einmaliges Event, sondern ein Lebensprojekt. Dieses Lebensprojekt, das Gott mit uns vorhat, nennen wir Berufung. Berufung ist nicht nur etwas für Ordensleute oder Bischöfe, Priester oder Diakone. Jeder und jede hat ihre Berufung. Gott ruft nicht in die Welt: „Hallo, ich will das Reich Gottes aufbauen. Hat einer Lust mitzuarbeiten?“, sondern er geht auf jeden einzelnen, auch auf dich zu. Wie tut er das? Er tut dies bei jedem anders. Er spricht uns so an, wie wir es am besten verstehen können.

Bei mir war es in etwa so: Ich komme aus einer religiösen, praktizierend katholischen Familie. Auch wenn wir nie Engel waren und sind: Glaube, Gottesdienst und Gebet gehörten bei uns dazu. Dennoch wollte ich nicht immer Priester werden. Lange Zeit zum Beispiel wollte ich Pilot werden, später Arzt. Mit etwa 14 oder 15 Jahren habe ich dann einen Roman über einen Priester gelesen. Und dieser Roman hat mich total fasziniert – genauer gesagt, die Priestergestalt in diesem Roman (die es nie gegeben hat). Jedenfalls setzte sich bei mir die Frage fest: „Ist das nicht etwas für dich, Priester zu werden?“ Und so ging ich einmal zu einem befreundeten Priester und erzählte ihm davon, aber auch, dass ich mir nicht sicher sei. Er sagte zu mir: „Halten wir fest, der liebe Gott will etwas von dir. Was das ist, das kannst du ja immer noch entdecken. Aber er will etwas von dir.“

Ich habe dann versucht, intensiver mit Jesus ins Gespräch zu kommen, war regelmäßig auch wochentags in der hl. Messe, habe im Evangelium gelesen. Und doch hat es noch etwa drei Jahre gedauert, bis ich Klarheit hatte. Nach dem Abitur begann ich mit dem Studium der Theologie in Bonn und wohnte im Collegium Albertinum, wo die Priester ausgebildet werden. Irgendwie war mir dort recht bald klar: Das ist mein Weg! Und bis heute habe ich es nicht einen Tag bereut, Ja zu dieser Berufung gesagt zu haben.

Wie kannst du deine Berufung entdecken? Frage dich zunächst einmal: Wo sind meine Stärken, meine Neigungen, was tue ich gern? Vielleicht sprichst du mit jemandem darüber, der dich gut kennt. Geh mit dieser Frage ins Gebet. Frage Jesus: „Was willst du eigentlich von mir?" In jedem (anständigen) Beruf kannst du deine Freundschaft mit Gott leben und ein Zeuge Jesu Christi sein, ebenso in den unterschiedlichsten Lebensformen, als Ehefrau und Ehemann, Mutter oder Vater, alleinstehend; aber auch in der ehelosen Lebensform „um des Himmelreiches willen". Damit ist nicht nur der priesterliche Zölibat gemeint. Die Ordensleute leben diese Lebensform, aber auch andere Christen mitten in der Welt haben ihr Leben ganz und gar Gott geweiht und leben daher bewusst ehelos.

Für alles Überlegen, Erwägen und Suchen nach der eigenen Berufung noch ein Tipp: Hab keine Angst vor Jesus Christus! Er nimmt dir nichts und gibt dir alles. Und vor allen Dingen will er dich nicht zu einem Leben führen, das nicht das Deine ist. Daher ist auch immer ein Kriterium die Frage: Macht mich der Gedanke an diesen oder jenen Lebensweg froh? Oder belastet er mich dauerhaft? Eines steht fest: Gott ruft dich, weil er dich großmachen und Großes durch dich bewirken will.

2.9. Güte, Geduld und Barmherzigkeit – Namen Gottes

Was für ein Bild von Gott tragen wir im Herzen? Manche haben ein sehr strenges Bild. So als warte Gott nur darauf, dass wir Fehler und Sünden begehen, um uns dann zu bestrafen. Und so haben manche – bewusst oder unbewusst – Angst, sich Gott zu nähern. Sie haben die Einstellung: Er macht mein Leben unbequem und fordert von mir, was ich nicht geben kann. Andere glauben oder leben zumindest so, als ob Gott ganz weit weg wäre, ohne Bezug zu meinem Leben: Er hat die Welt erschaffen, aber dann hat er sich zurückgezogen. Gott hat die Welt wie ein Uhrmacher erschaffen, aber nun funktioniert sie von allein. Logisch, dass mit einem solchen Gott keine Freundschaft zu knüpfen ist. Für andere wiederum ist Gott so etwas Ähnliches wie ein alter Opa mit langem Rauschebart, der sehr lieb ist, aber für mein Leben keine große Bedeutung hat. So richtig ernst nehme ich ihn und seine Weisungen für mein Leben jedenfalls nicht. Es gibt sicher noch ganz andere und differenziertere Vorstellungen von Gott, vermutlich so viele, wie es Menschen gibt.

Als Christen geht es uns nicht darum, ein Gottesbild nach eigenem Gutdünken und Geschmack zu entwickeln, sondern zu entdecken, wie Gott sich uns Menschen gezeigt hat, wie er sich offenbart hat. Der Gewährsmann für dieses Gottesbild ist der Sohn Gottes, Jesus Christus. In den vorhergehenden Überlegungen haben wir über das christliche Gottesbild schon einiges ausgesagt: Gott ist Gemeinschaft aus Vater, Sohn und Heiligem Geist. Er ist der Immanuel, der „Gott-mit-uns“. Ich möchte an dieser Stelle noch drei Eigenschaften Gottes ergänzen, die sich wie ein roter Faden durch die Offenbarung ziehen, und die wir nicht ausblenden dürfen.

Erstens: Im Brief des Apostel Paulus an Titus heißt es: *„Als aber die Güte und Menschenfreundlichkeit Gottes, unseres Retters, erschien, hat er uns gerettet.“* (Ti 3,4-5) Gott ist gütig und menschenfreundlich. Das zeigt sich in Jesus Christus unübertreffbar. Gott will unser Heil, unser Bestes, unser Gutes. Er möchte uns teilhaben lassen an seiner Güte und Menschenfreundlichkeit. Gott ist nicht der, der auf der Jagd nach Sündern ist, sondern er heilt und rettet. Daher keine Angst vor Jesus Christus! Ihm dürfen wir uns in aller Offenheit und Ehrlichkeit in die Hand geben. Er will uns nicht erniedrigen und demütigen, sondern heilen und Geborgenheit schenken.

Zweitens: Durch das gesamte Alte und Neue Testament zeigt sich die unermessliche Geduld Gottes. Im Alten Testament hat er sich immer wieder seinem Volk gezeigt, mit ihm einen Bund geschlossen, ihm geholfen, und immer wieder ist das Volk von ihm abgefallen. Und doch hat sich Gott dadurch nicht „beirren lassen“, sondern hat seinem Volk immer wieder eine neue Chance gegeben. Und mit welcher Geduld belehrt, ermahnt Jesus seine engsten Freunde und alle Menschen, die ihm begegnen? Bis zur Erschöpfung lehrt er sie. Den Apostel Petrus macht Jesus zum „Felsenmann“ seiner Kirche (*„Du bist Petrus, der Fels, und auf diesen Felsen werde ich meine Kirche bauen“*, Mt 16,18) Dennoch muss er erleben, dass dieser immer wieder schwach wird, besonders als Jesus verhaftet wird. Das ist wohl die dunkelste Stunde im Leben des Petrus, denn er leugnet, seinen Herrn überhaupt gekannt zu haben. Doch nach seiner Auferstehung schenkt der Herr ihm die Versöhnung, die Petrus mit der bewegenden Aussage beantwortet: *„Herr, du weißt alles; du weißt, dass ich dich liebe.* (Joh 21,17)

Manchmal denke ich mir, der Herr könnte doch auch die Geduld mit mir verlieren, weil auch ich immer wieder dieselben Fehler und Sünden begehe. Doch das tut er nicht. Er wartet auf mein Kommen und darauf, mich in die Arme schließen zu können, wie er das beim „verlorenen Sohn" (Lk 15,11-32) getan hat.

Drittens: Damit sind wir schon bei einer weiteren Eigenschaft, die mit den beiden ersten eng verbunden ist: die Barmherzigkeit Gottes. Gott ist geradezu begierig, uns in die Arme nehmen zu können, gerade auch, wenn wir schwach geworden sind, es einsehen und zu ihm zurückkehren. Da ist mir zum Beispiel zum x-ten Mal die Hutschnur geplatzt, und ich habe ziemlich gehässig über andere Menschen geredet. Immer wieder nehme ich mir vor, das nicht zu tun und immer wieder werde ich Opfer dieser meiner Schwäche. Der Herr lässt sie zu, damit ich begreife, wie sehr ich auf ihn und seine Barmherzigkeit angewiesen bin. Paulus hat das begriffen. Er schreibt einmal: *„Die Kraft wird in der Schwachheit vollendet. Viel lieber also will ich mich mit meiner Schwachheit rühmen, damit die Kraft Christi auf mich herabkommt."* (2 Kor 12,9) Paulus gibt seine eigene Schwachheit zu und bittet den Herrn, dass er diese Schwachheit durch seine Kraft ersetzen möge. Und der Herr tut es. Was hat Paulus nicht alles mit dieser unermesslichen Kraft Christi erreicht. Gott ist barmherzig. Das geht so weit, dass er unsere Schwächen zu Stärken wandelt. Das erlebe ich selbst immer wieder. In meinem Dienst als Weihbischof, den ich sehr gerne tue, habe ich viele Predigten zu halten. Und da kommt es gelegentlich vor, dass ich ein wenig müde oder zerstreut bin. Dann bete ich: „Herr, jetzt musst Du einspringen. Meine Worte allein schaffen es nicht!" Und dann geht es eben doch und Christus selbst erreicht die Herzen der Menschen. Und es geht besser, als wenn ich mich frisch und konzentriert allein auf meine Kräfte verlasse. Leider vergesse ich das immer mal wieder.

2.10. Maria – Gottesmutter, unsere Mutter

Nach Jesus Christus, der ja Gott und Mensch zugleich ist, ist die bedeutendste Persönlichkeit, die jemals in dieser Welt gelebt hat, nach unserem katholischen Glauben Maria, die Mutter Jesu. An entscheidender Stelle der Welt- und Heilsgeschichte hat sie ihr Ja-Wort gegeben, und so kam Gott in die Welt. Aber nicht nur das. Sie war so eng mit Jesus zusammen, wie niemand anders. Und das glauben wir auch von ihrem Leben im Himmel bei ihrem Sohn. In seiner Todesstunde hat Jesus schließlich seine Mutter dem Apostel Johannes zur Mutter gegeben und zu ihm gesagt: „*Siehe deine Mutter*!" (Joh 19,27) Der Jünger Johannes steht für uns alle, die wir Jüngerinnen und Jünger Jesu sind.

An einer Stelle ganz am Anfang des Johannes-Evangeliums wird deutlich, was für eine Wirkung, ja geradezu Macht Maria hat, und zwar bei der Hochzeit zu Kana (Joh 2,1-12) Die Begebenheit im Telegrammstil: Die Gastgeber der Hochzeit haben sich beim Weineinkauf verkalkuliert. Der Wein geht aus, was für eine Hochzeit ein ziemliches Problem darstellt. Maria bekommt es mit, sie sieht die Not der Gastgeber. Sie kommt nicht daher als eine, die immer alles besser weiß und etwa sagt: „Hättet ihr mal mehr Wein gekauft, oder hättet ihr mal weniger getrunken." Nein, sie geht mit dieser Sorge zu ihrem Sohn. Das alles spielt sich noch vor dem öffentlichen Wirken Jesu ab. Wunder geschehen eigentlich erst später. Und so reagiert Jesus auch ein wenig unwillig. Er ist noch nicht wirklich bereit. Und doch, am Ende wirkt Jesus das Wunder.

Maria ist kein Umweg, der von Jesus ablenkt. Sie ist der kürzeste, beste, direkteste Weg zu ihrem Sohn. Er hat sie uns als himmlische Mutter zur Seite gegeben, damit wir sie als unsere Helferin in allen Nöten anrufen können.

Eine besondere Hilfe auf dem Weg zu ihrem Sohn ist sie mir immer, wenn ich den Rosenkranz bete (vgl. dazu Gotteslob Nr. 4, dort wird der Rosenkranz erklärt). Es ist ein meditatives Gebet. Immer wieder werden die Geheimnisse und Stationen des Lebens Jesu wiederholt. Mit den Augen seiner Mutter betrachten wir in diesem Gebet das Leben ihres Sohnes Jesus Christus (vgl. Dominik Schwaderlapp, *Mit den Augen seiner Mutter).* Es lohnt sich, sich auf dieses Gebet einzulassen.

Als Jesus nach seiner Auferstehung zu seinem Vater heimgekehrt ist, gibt er seinen Aposteln den Auftrag, in Jerusalem auf das Kommen des Heiligen Geistes zu warten. Die Apostel tun dies und beten zusammen mit Maria (vgl. Apg 1,12). Maria betet mit uns und für uns, und ihre Fürbitte – siehe Hochzeit zu Kana – ist mächtig. Kein Sohn auf Erden schlägt doch gerne eine Bitte seiner Mutter ab. Und im Himmel ist das eben ganz ähnlich …

3. Begleiter

Wir glauben an einen Gott, der bei uns bleibt, jeden Tag in unserem Leben.

Nirgendwo ist uns Gott näher als in den Sakramenten. Durch die äußeren Zeichen begegnen wir direkt und unmittelbar Jesus Christus. Durch die Wandlungsworte z. B. werden tatsächlich die Gaben von Brot und Wein in Leib und Blut Christi verwandelt, und wir dürfen ihn selbst aufnehmen. Durch die hörbare Lossprechung in der Beichte wird uns tatsächlich Sünde und Schuld vergeben …

3.1. Die Menschwerdung Gottes setzt sich fort – Die Kirche

„*Ich bin mit euch alle Tage bis zum Ende der Welt.*" (Mt 28, 20) Mit diesen Worten verabschiedet sich Jesus von dieser Welt und kehrt heim zum Vater. Was heißt das konkret: „*Ich bin mit euch* ..."? Er ist doch nicht mehr bei seinen Jüngern, man sieht ihn nicht. Ist dieses Wort nur Vertröstung statt wirklicher Trost? Zu den Geheimnissen unseres Glaubens gehört es, dass Gott durch Menschen wirkt. Die Propheten des Alten Testamentes sind hier zu nennen, ebenso Maria, die Gottesmutter, und – konkurrenzlos herausgehoben – Jesus Christus, der Gottes- und Menschensohn. Diese „Logik Gottes" setzt sich nach der Heimkehr Jesu zum Vater fort. Gott will durch und mit Menschen sein Erlösungswerk fortsetzen. Was das bedeutet, wird deutlicher, wenn man sich einen Bericht im Evangelium genauer ansieht.

Matthäus überliefert uns ein wichtiges Ereignis in Cäsarea Philippi. Selten fügt der Evangelist eine Ortsangabe ein – Hinweis auf die Bedeutung des Geschehens. Schauen wir uns den Text im Ganzen an: „*Als Jesus in das Gebiet von Cäsarea Philippi kam, fragte er seine Jünger und sprach: Für wen halten die Menschen den Menschensohn? Sie sagten: Die einen für Johannes den Täufer, andere für Elija, wieder andere für Jeremia oder sonst einen Propheten. Da sagte er zu ihnen: Ihr aber, für wen haltet ihr mich? Simon Petrus antwortete und sprach: Du bist der Christus, der Sohn des lebendigen Gottes! Jesus antwortete und sagte zu ihm: Selig bist du, Simon Barjona; denn nicht Fleisch und Blut haben dir das offenbart, sondern mein Vater im Himmel. Ich aber sage dir: Du bist Petrus und auf diesen*

Felsen werde ich meine Kirche bauen und die Pforten der Unterwelt werden sie nicht überwältigen. Ich werde dir die Schlüssel des Himmelreichs geben; was du auf Erden binden wirst, das wird im Himmel gebunden sein, und was du auf Erden lösen wirst, das wird im Himmel gelöst sein. Dann befahl er den Jüngern, niemandem zu sagen, dass er der Christus sei." (Mt 16,13-20)

Keine Frage, Jesus Christus möchte, dass sein Werk weitergeht; dass seine Botschaft verkündet wird bis an die Grenzen der Erde (vgl. Mk 16,15). Aber er weiß ebenso, dass Menschen dafür zu schwach und hinfällig sind. Ziemlich schonungslos berichten uns die Evangelien das auch über die Apostel. Aber: Gottes Gnade, Gottes Kraft und Gottes Beistand sind größer. Und so macht er den gebrechlichen Petrus zum unzerbrechlichen Felsenmann seiner Kirche, nicht, weil Petrus so ein toller Typ ist – das war er übrigens trotz seiner Pannen auch –, sondern weil die Gnade Jesu größer als die Schwächen des Petrus ist. Damit gründet Christus die Gemeinschaft der Gläubigen, die Kirche (*Kirche* kommt von *kyriaké* und heißt in etwa *zum Herrn gehörig*). Die Kirche ist nicht der Fanclub der Jesus-Freunde, sondern die von Jesus Christus, vom Gott-Menschen gestiftete Gemeinschaft, an die er sich bindet, durch die er wirksam werden will, der er die Gnaden des Heiligen Geistes zugesagt hat, damit seine Botschaft nicht verfälscht wird, sondern erhalten bleibt und zu allen Menschen aller Zeiten kommt.

Wenn wir aufmerksam das Evangelium lesen und betrachten, was Jesus gesagt und getan hat, dann kommen wir nicht darum herum festzuhalten: Er hat die Kirche gewollt und gestiftet! Christus bindet sich an seine Kirche so sehr, dass er einmal zu seinen Aposteln sagt: *„Wer euch hört, der hört mich, und wer euch ablehnt, der lehnt mich ab; wer aber mich ablehnt, der lehnt den ab, der mich gesandt hat.“* (Lk 10,16) Wer Ja zu Christus sagt, muss auch Ja zu seiner Stiftung, der Kirche, sagen. Christus und seine Kirche können wir nicht gegeneinander ausspielen, ohne das Evangelium zu verfälschen.

Also: So sehr sich Christus an Menschen bindet, damit sein Werk weitergeht – diese Menschen sind deshalb noch keine Heiligen, sondern bleiben Sünder. Und doch: Gott weiß auch ungenügende, schwache und hinfällige Menschen als Werkzeuge seines Heils einzusetzen. Das ist für mich ein großer Trost, der ich als Bischof Nachfolger der Apostel bin und meine eigenen Unzulänglichkeiten und Schwächen immer wieder erleben muss. Gott ist größer als meine Schwäche und will meine Mitarbeit an seinem Projekt „Reich Gottes“. Er kann aus meinem „Wenig“ sein „Viel“ machen. Das erfüllt mich mit Freude und auch einem gewissen Stolz. Diese Ehre ist aber zugleich Ansporn, mein Leben mit Leib und Seele an Christus zu binden und Ihm mit seiner Gnade immer ähnlicher zu werden.

Doch nicht nur die Bischöfe, Priester und Diakone sind Werkzeuge in der Hand Christi – alle Gläubigen sind es. Um es mit einem Vergleich aus der Musik auszudrücken: Gott ist der große Komponist. Wir als Kirche, die Gemeinschaft der Gläubigen, sind das Orchester, das Gottes Melodie in dieser Welt zum Klingen bringen soll. Und diese Melodie soll in aller Welt und zu allen Zeiten erklingen. Das ist unser gemeinsamer, bleibender Auftrag!

3.2. Christus wirkt weiter – Die Sakramente

Christus lässt uns nicht allein. Er wirkt weiter und will uns weiter begegnen. In einer ganz außergewöhnlichen – eigentlich sensationellen – Weise geschieht dies durch das, was wir in der katholischen Kirche „Sakramente" nennen. Um zu erklären, was sie bedeuten, muss ich ein wenig ausholen. Ich habe bereits gezeigt, dass Gott Mensch geworden ist, um uns in unserer menschlichen Weise begegnen zu können – mit Leib und Seele, nicht nur in Gedanken, sondern sichtbar, berührbar, erlebbar. Das setzt sich nun in den Sakramenten fort. Aber was sind Sakramente? Kurz und knapp: Sakramente sind von Christus gestiftete Zeichen, mit denen eine Begegnung mit Christus verbunden ist. Durch diese Zeichen wendet sich uns Christus zu und beschenkt uns. Wir nennen das Gnade. Ein Sakrament hat also immer etwas Sichtbares und etwas Unsichtbares. Das alles haben sich nicht irgendwelche Kirchenmänner ausgedacht, sondern Christus selbst.

Steigen wir noch ein wenig tiefer ein. Jesus Christus ist Gott und Mensch. Seine Menschheit, sein menschliches Tun, dient ihm als „Instrument", um uns seine göttliche Botschaft, sein göttliches Leben und seine Versöhnung zu bringen. Die Menschheit Jesu ist also keine Verpackung für das Göttliche – die Verpackung wirft man weg; sie ist an sich überflüssig –, sondern vielmehr der Weg, um uns ganz nahe zu sein. „*Was sichtbar war an Jesus, ist übergegangen auf die Sakramente*", sagt der Kirchenvater Leo der Große (+461 n. Chr.). Die äußeren Zeichen (z. B. das Übergießen mit Wasser bei der Taufe) sind deshalb keine Zutat und Verpackung, die man weglassen könnte, sondern gerade der Weg, das Instrument, das Mittel, um das besondere Geschenk Jesu Christi (im Fall der Taufe die Gotteskindschaft) zu erhalten.

Wenn Menschen einander gernhaben, dann wollen sie das nicht nur denken, sondern einander auch sagen und voneinander hören und erleben, dass das so ist. Liebe will „verleiblicht“ werden. Wenn aber Menschen, die sich gerne haben, räumlich getrennt leben, dann fehlt ihnen diese direkte Begegnung. Das kann sehr weh tun! Kurzum, wir Menschen sind leib-seelische Wesen und daher auch auf leib-seelische Begegnungen angewiesen. Und genau dies schenkt uns Jesus in den Sakramenten: Sichtbar und erlebbar setzt er in ihnen sein Werk fort und löst sein Versprechen ein: *„Ich bin mit euch alle Tage bis zum Ende der Welt“* (Mt 28,20).

In der katholischen Kirche kennen wir sieben Sakramente:

Die Taufe, in der uns das Geschenk der Gotteskindschaft gewährt wird

Die hl. Eucharistie, in der Christus sich selbst uns in der Gestalt des Brotes zur Speise reicht

Die Firmung, in der das Geschenk der Gotteskindschaft vertieft und gefestigt wird

Die Weihe, in der das Amt der Apostel weitergegeben wird

Die Ehe, in der der Bund von Mann und Frau zur Darstellung des unauflöslichen Bundes Gottes mit den Menschen wird

Das Bußsakrament oder die Beichte, worin uns Christus seine Versöhnung zusagt

Und schließlich die Krankensalbung, in der Christus den Kranken Kraft und Stärkung zuwendet.

Schon allein in der Aufzählung wird deutlich: Jesus Christus will uns in jeder Lebenssituation, in jedem Stand, ja sogar in jedem Gemütszustand begegnen, damit wir niemals allein gelassen sind. Die Sakramente sind ein riesengroßes Geschenk, das manchmal vergessen wird. Es lohnt sich, sie (wieder) zu entdecken.

3.3. Aufnahme in die Familie Gottes – Die Taufe

Das Matthäus-Evangelium schließt mit einem besonderen Auftrag Jesu an seine Jünger: „*Mir ist alle Vollmacht gegeben im Himmel und auf der Erde. Darum geht und macht alle Völker zu meinen Jüngern; tauft sie auf den Namen des Vaters und des Sohnes und des Heiligen Geistes und lehrt sie, alles zu befolgen, was ich euch geboten habe.*“ (Mt 28,18-20) Genau diesen Auftrag erfüllt die Kirche. Schon die Apostelgeschichte schreibt davon und setzt sich bis heute fort.

Nicht ohne Grund hat Jesus das Grundelement Wasser für die Taufe ausgewählt.

Jesus sagte einmal: „*Wenn jemand nicht aus dem Wasser und dem Geist geboren wird, kann er nicht in das Reich Gottes kommen.*“ (Joh 3,5) Die Taufe schenkt das göttliche Leben, das den Kern des Reiches Gottes bildet. Durch die Taufe gehören wir diesem Reich an. Wir werden Teil der Familie Gottes, sind Brüder und Schwestern Jesu Christi, Kinder des gemeinsamen Vaters und Gemeinschaft im Heiligen Geist. Hier geht es um ein Leben, das keinen Tod kennt, um die Freundschaft Gottes, die uns unverdient geschenkt wird.

Natürlich ist dieses Sakrament kein Automat – oben die Taufe rein und unten kommt der lebendige Christ heraus. Wie alle Geschenke muss auch dieses ausgepackt, entfaltet und eingesetzt werden. Hier sind wir als Christen mit unserer Verantwortung gefragt. Deshalb ist es gut, sich immer wieder daran zu erinnern, dass wir Kinder Gottes sind und zu ihm gehören. Zugleich sollte natürlich in unserem Herzen all das keinen Raum haben, was dieses Leben tötet, was von Gott absondert und wir deshalb Sünde nennen. Die Botschaft der Taufe ist: Du bist beschenkt. Dein irdisches Leben hast du dir nicht selbst gegeben. Du verdankst Dich deinen Eltern und deine einmalige unendlich kostbare Seele dem Vater im Himmel. Das bedeutet: Wir haben eine besondere Würde, eine Königswürde, eine göttliche Würde! Und diese Würde kommt von Gott selbst, weil er uns mit seiner Liebe würdigt.

Was ist aber nun mit denen, die nicht getauft sind? Liebt Gott sie etwa weniger? Sind sie gar ‚Menschen zweiter Klasse? Gott liebt alle Menschen, und er liebt alle Menschen gleich. Liebe kennt ja auch bei uns Menschen keine familiären Grenzen. Gott möchte aber, dass alle Menschen zu seiner Familie gehören. Deshalb gibt er uns den bleibenden Auftrag: „*Darum geht und macht alle Völker zu meinen Jüngern; tauft sie auf den Namen des Vaters und des Sohnes und des Heiligen Geistes und lehrt sie, alles zu befolgen, was ich euch geboten habe. Und siehe, ich bin mit euch alle Tage bis zum Ende der Welt.* (Mt 28,19-20) Aber Gott ist natürlich nicht an die Taufe gebunden. Wenn Menschen ehrlich Gott suchen und versuchen, nach seinem Willen zu leben – so unvollkommen er auch erkannt werden mag –, so wird er auch diese nicht allein lassen und sie ihren Weg zum Himmel finden lassen.

Halten wir fest: Auf dem Weg der Taufe wendet sich Gott uns besonders zu und nimmt uns in seine familiäre Gemeinschaft auf. Den Getauften ist damit die große Verantwortung gegeben, dieses Geschenk tatsächlich zu nutzen und entsprechend zu leben. Hier gilt das Wort Jesu: „*Wem viel gegeben wurde, von dem wird viel zurückgefordert werden, und wem man viel anvertraut hat, von dem wird man umso mehr verlangen.*" (Lk 12,48).

Wasser schenkt aber nicht nur Leben, Wasser reinigt auch. Wer getauft wird, dem werden alle Sünden vergeben. Wenn ein Kind getauft wird, hat es natürlich noch keine Sünden begangen. Was bedeutet hier das Wasser der Reinigung? Wir leben nicht im Paradies, so paradiesisch auch manchmal unsere Erde sein kann. Das menschliche Zusammenleben ist von Versagen, Schuld und Sünde geprägt. Immer wieder neigen wir dazu, unserem Egoismus Raum zu geben, andere Menschen zu erniedrigen und uns über andere zu erheben. Wir sind nicht einfach immer nur gut. Wie kommt das? Die Heilige Schrift schildert es uns im Schöpfungsbericht. Der Teufel kommt in Gestalt einer Schlange zum Menschen und verführt ihn, Gottes Gebote zu übertreten. Der Versucher lockt ihn mit dem verlogenen Versprechen: „*Ihr werdet sein wie Gott*" (Gen 3,5) Der Mensch verliert die ursprüngliche Harmonie zwischen Gott und Mensch und trägt diese innere Zerrissenheit von Generation zu Generation in sich. Wir Theologen sprechen von „Erbschuld". Es ist eine Wunde, die unsere Beziehung zu Gott stört und uns immer wieder für das Böse anfällig macht. In der Taufe wird die Gottferne genommen und in eine unglaubliche Gottesnähe verwandelt. Eine Neigung zum Bösen bleibt, aber die Taufe befähigt uns dazu, gut zu leben. Wir sind nicht mehr gefangen im Bösen, im Egoismus. Wir sind befreit! Wir haben die echte Möglichkeit zu lieben. Wir haben die Chance, ganz in der Freundschaft mit Gott zu leben und zu lieben. Doch die Anfälligkeit für das Böse bleibt. Als Kind Gottes, als Getaufter zu leben, ist täglich nicht nur Geschenk, sondern Herausforderung.

3.4. Christus lebendig im Hier und Heute – Die heilige Eucharistie

Am Abend vor seiner Kreuzigung hielt Jesus mit seinen Jüngern ein besonderes Mahl. Es hatte einen feierlichen Charakter; es steht im Zusammenhang mit dem jüdischen Paschafest, das zu dieser Zeit in Jerusalem gefeiert wurde. Während des Mahles tut Jesus etwas, das nichts mit den bekannten jüdischen Riten zu tun hat. „*Und er nahm Brot, sprach das Dankgebet, brach es und reichte es ihnen mit den Worten: Das ist mein Leib, der für euch hingegeben wird. Tut dies zu meinem Gedächtnis! Ebenso nahm er nach dem Mahl den Kelch und sagte: Dieser Kelch ist der neue Bund in meinem Blut, das für euch vergossen wird.*" (Lk 22,19-20) Jesus bezeichnet Brot als seinen Leib. Und er meint es wörtlich. Jahre zuvor hat er schon angekündigt, dass er sich selbst zur Speise geben will, und zwar in der Synagoge in Kafarnaum. Dort sagt er: „*Ich bin das lebendige Brot, das vom Himmel herabgekommen ist. Wer von diesem Brot isst, wird in Ewigkeit leben. Das Brot, das ich geben werde, ist mein Fleisch für das Leben der Welt.*" (Joh 6,51). Seine Zuhörer sind irritiert und aufgebracht über eine solche Rede. „*Da stritten sich die Juden und sagten: Wie kann er uns sein Fleisch zu essen geben? Jesus sagte zu ihnen: Amen, Amen, ich sage euch: Wenn ihr das Fleisch des Menschensohnes nicht esst und sein Blut nicht trinkt, habt ihr das Leben nicht in euch.*" (Joh 6,52-53) Von Beginn an haben die Christen den Auftrag Jesu erfüllt: „*Tut dies zu meinem Gedächtnis!*" und das – wie man es anfangs nannte – „Herrenmahl" gefeiert.

Warum dieses so unglaubliche Geschenk – sich selbst in der Gestalt des Brotes zur Speise zu geben? Eine Verständnishilfe ist für mich folgendes: Menschen, die einander gernhaben, begrüßen sich herzlich, ja, sie umarmen sich, manche küssen sich. An diesen Gesten wird deutlich: Liebe sucht Einheit. Wer liebt, möchte mit dem zusammen sein, den er liebt. Jesus liebt uns so sehr, dass er mit uns ganz Eins sein möchte. So umarmt er uns nicht nur, er macht sich zu einer Speise, die wir aufnehmen und verzehren können. Kann es eine größere Liebe geben? Wenn wir dies begreifen, wenn wir im Glauben dazu Ja sagen, dann wird klar: Wir dürfen dieses Geschenk nicht einfach liegen lassen. Die Kirche fordert daher von katholischen Christen, wenigstens am Sonntag die hl. Eucharistie, die hl. Messe, mitzufeiern. Das tut sie nicht, um uns zu gängeln und irgendwie die Kirchen zu füllen. Das Sonntagsgebot ist eine Art Wecker, der uns daran erinnert: Vergiss nicht, was für ein Riesengeschenk dir Jesus macht. Das liegen zu lassen, wäre mehr als unhöflich. Nimm dir Zeit für Jesus, er wartet auf dich! Hab keine Angst vor ihm, er will dich mit sich selbst beschenken!

Schon Paulus mahnt, dies sehr ernst zu nehmen. An die Korinther schreibt er: „*Jeder soll sich selbst prüfen; erst dann soll er von dem Brot essen und aus dem Kelch trinken. Denn wer davon isst und trinkt, ohne den Leib zu unterscheiden, der zieht sich das Gericht zu, indem er isst und trinkt.*" (1 Kor 11, 28-29)

Wenn wir die hl. Messe feiern und der Priester Christus die Stimme leiht und die Worte sagt, die auch Jesus beim letzten Abendmahl gesagt hat: „*Das ist mein*

Leib – das ist mein Blut“, so glauben wir, dass genau das geschieht, was Jesus gesagt hat. Brot und Wein werden gewandelt in Leib und Blut Christi. Das äußere Aussehen, die Gestalt ist geblieben, aber in den Gestalten von Brot und Wein verbirgt sich Jesus Christus: „wahrhaft, wesentlich und wirklich“. Wir als Theologen sprechen hier von Wesensverwandlung (Transsubstantiation). Es ist ein großes Geheimnis und übersteigt meinen Verstand um ein Unendliches. Doch wer bin ich, dass ich die Größe Gottes auf meinem kleinen Verstand reduzieren will?

Wenn wir dies alles annehmen und Ja dazu sagen, dann wird auch deutlich, wieso wir zum Beispiel besonders kostbare Gefäße für Brot und Wein in der hl. Eucharistie verwenden. Selbst der kostbarste Kelch ist nichts gegenüber dem, was in ihm ist. Auch das ist eine Art Wecker, der uns erinnert, dass wir für das Allerheiligste, oder besser: für den Allerheiligsten das Beste geben, was wir zu geben haben. Das gilt auch für die Feier der Eucharistie mit feierlichen Gesängen, Chören, Ministrantinnen und Ministranten, Weihrauch und all dem, was dazu gehört. Mit allen Sinnen sollen wir wahrnehmen und nicht vergessen, wer sich uns dort schenkt, wer uns begegnet, wen wir verzehren.

Wenn wir uns das vor Augen halten, dann wird auch klar, weshalb der hl. Paulus mahnt, sich vor dem Empfang der hl. Kommunion zu prüfen. Bin ich wirklich bereit, den Leib des Herrn zu empfangen? Oder muss ich mich nicht zuvor mit Ihm versöhnen, damit er wirklich in meinem Herzen ankommen kann?

An dieser Stelle noch ein persönliches Wort: Als Priester feiere ich jeden Tag die hl. Messe. Und es ist für mich die größte Freude meines Dienstes, dies tun zu dürfen. Es ist also keine lästige Pflicht, sondern Geschenk der Liebe, die uns eine Freude schenkt, die die Welt nicht geben und nicht mehr nehmen kann.

3.5. Vertiefung unserer Christus-Freundschaft – Die Firmung

50 Tage nach der Auferstehung geschah etwas ganz Besonderes. Jesus war schon zu seinem Vater im Himmel heimgekehrt und hatte seine Jünger aufgefordert, in Jerusalem zu bleiben und um den Heiligen Geist zu bitten. Die Jünger taten dies zusammen mit Maria, der Mutter Jesu (vergl. Apg. 1,4-14). An diesem 50. Tag nach Ostern nun kam der Heilige Geist auf die Jünger herab. Wie ist das zu verstehen? Lukas, der Autor der Apostelgeschichte, berichtet von besonderen Zeichen: „Und es *erschienen ihnen Zungen wie von Feuer, die sich verteilten; auf jeden von ihnen ließ sich eine nieder.*“ (Apg 2,3) Das Ganze ist begleitet von einem „Brausen“ vom Himmel. Was bewirken diese erstaunlichen Zeichen, die das Kommen des Heiligen Geistes sichtbar machen? Die Jünger, die zuvor ihren Herrn verlassen und verleugnet, die sich vor Angst eingesperrt haben, sie gehen nun auf die Straße und verkünden in aller Offenheit die Botschaft von der Auferstehung Jesu Christi, und dass er der Messias, der Retter sei. Damit verbunden geschieht ein außerordentliches Wunder. In dieser Zeit sind Menschen aus aller Herren Länder in Jerusalem versammelt, und sie alle verstehen in ihrer Muttersprache das, was die Jünger von sich geben.

Mit diesem Ereignis beginnen die Apostel und die anderen Jünger, die Botschaft Jesu Christi öffentlich zu bezeugen. Allein am Pfingsttag bekehrten sich 3000 Menschen, ließen sich taufen und wurden ihrer Gemeinschaft zugefügt. (vgl. Apg 2,39-42) Das ist der Ursprung des Firmsakraments. Denn die Apostel gaben in der Folge den Heiligen Geist an die Gläubigen weiter. Auch darüber berichtet uns Lukas in der Apostelgeschichte (vgl. Apg 19,1-6).

Was will die Firmung? Was wird den Gefirmten geschenkt? Bevor ich diese Fragen beantworte, eine Vorbemerkung: In den Kirchen des Ostens ist es üblich, dass die Firmung mit der Taufe schon im Säuglingsalter gespendet wird. In der sog. „lateinischen Kirche" des Westens ist es Brauch, dass das Sakrament den Heranwachsenden gespendet wird, bei uns zulande in der Regel den 15- bis 16-Jährigen. Ich persönlich halte dieses Alter für sehr gut. Denn einerseits denken und handeln junge Menschen dann schon sehr selbstbestimmt und selbstbewusst, andererseits sind ihre Gewohnheiten und Überzeugungen noch nicht festgefahren und erstarrt. Sie sind in der Lage, sich auf Neues und Großes einzulassen. Und damit komme ich zu dem, was die Firmung bedeuten soll. Die Liturgie der Firmung hilft, zu einer Antwort zu kommen.

Vor der eigentlichen Firmung wird man nach seinem Glauben gefragt. Die Fragen, die bei der Taufe den Eltern gestellt wurden – stellvertretend für das zu taufende Kleinkind –, diese Fragen werden nun den Jugendlichen selbst gestellt. Die Freundschaft mit Christus, in die sie als Kinder hineingewachsen sind, wird nun zu einer Beziehung, für die sie sich persönlich entscheiden und aus eigener Überzeugung „Ja" sagen. Hier wird deutlich: Unser Glaube geht nur freiwillig, weil Liebe eben nur freiwillig geht. Christus will unsere Liebe. Er sehnt sich nach ihr. Aber er will sie nicht aufzwingen. Und so fragt er nach unserem „Ja". Vor der Firmung wird deshalb nach dem persönlichen Glauben gefragt.

Es folgt dann die Handauflegung durch den Bischof. Diese Geste macht deutlich: Durch die Kraft des Heiligen Geistes hält Gott seine schützende Hand über dich. Sie ist ein Teil seiner liebenden Sorge. Aber die Hand auf Jemanden legen bedeutet auch, von ihm Besitz ergreifen. Wir gehören zu Christus. Wir verdanken unser Leben nicht nur unseren Eltern, sondern dem dreifaltigen Gott, der jedem seine unsterbliche Seele erschaffen hat. Sich von Gott bzw. dem Bischof als seinem Vertreter die Hand auflegen zu lassen bedeutet, sich ganz in Gottes Hand geben. Das Wort Jesu: "*Ich nenne euch nicht mehr Knechte, ... vielmehr habe ich euch Freunde genannt*" (Joh 15,15) wird uns in der Firmung persönlich zugesagt. Jesu schenkt uns seine ganze Zuwendung, und wir überlassen uns ihm vorbehaltlos. Der Freundschaftsbund mit Christus gewinnt durch die Firmung eine besondere Tiefe und Festigkeit. Damit verbunden sendet er die Gefirmten in die Welt wie am Pfingstfest. Gott traut uns zu, Zeugen seines Sohnes zu sein. Er will durch uns in dieser Welt sichtbar und hörbar sein! Was für ein Vertrauen! Das, was er in der Taufe begonnen hat, wird in der Firmung vertieft und entfaltet.

Ein Vergleich mag das verdeutlichen: Zu Beginn des Frühjahrs tragen viele Pflanzen schon ganz ausgeprägte Knospen. Sie warten nur auf ein wenig Sonne und etwas höhere Temperaturen. Und dann explodieren sie geradezu. Die verborgene Blüte wird offen, sichtbar, wohlriechend und eine Freude für alle, die sie anschauen. Durch die Firmung und die damit verbundene Vertiefung der Freundschaft mit Christus soll das, was Gott in uns hineingelegt hat, offen und sichtbar werden, zur Ehre Gottes und zur Freude der Mitmenschen.

Nach der Handauflegung kommt der eigentliche Akt der Firmung. Der Bischof zeichnet mit Chrisam ein Kreuz auf die Stirn des Firmlings und sagt dazu: "Sei besiegelt durch die Gabe Gottes, den Heiligen Geist." Der Firmling antwortet: „Amen". Chrisam ist ein kostbares Öl, aus Olivenöl und Balsam bereitet, Zeichen für die Würde von Königen. Schon im Alten Testament wurden die Könige, allen voran David, gesalbt, und so wie die Salbung buchstäblich unter die Haut geht, in sie einzieht, so soll uns die Kraft des Heiligen Geistes, diese Freundschaft mit Christus unter die Haut gehen und uns durchdringen. Im Augenblick der Firmung geschieht genau dies. Das „Amen" des Firmlings ist nicht nur eine Zugabe oder ein Füllwort, weil einem sonst nichts Besseres einfällt, sondern die Bestätigung und Bereitschaftserklärung: Ja, dieses Geschenk will ich annehmen. Ich will es zulassen, dass Gott von mir Besitz ergreift und durch mich wirkt.

Der Akt der Firmung endet mit dem Wort, mit dem der Auferstandene seine Jünger begrüßt: „Der Friede sei mit Dir!"
Firmung bedeutet Begegnung mit Christus. Ihm, dem Auferstandenen, begegnen wir. Er ist der eigentlich Handelnde, er spendet die Firmung. Der Bischof bzw. Priester leiht dabei Christus nur Hand und Stimme.

Firmung ist nicht nur ein einmaliges Ereignis. Es ist ein Geschenk, das uns für unser ganzes Leben anvertraut ist. Nun sind wir an der Reihe: Es liegt an uns, ob wir es nutzen und zum Einsatz bringen oder nicht. Lassen wir dieses Geschenk in der Verpackung, als Erinnerung an ein vergangenes Fest, aber nicht wirksam für unser Leben heute? Oder lassen wir den Geist ans Werk gehen? Ich stelle immer wieder fest, wenn ich um den Heiligen Geist bitte, lässt er mich nicht im Stich. Vor einem schwierigen Gespräch z. B. hat das Beten um den Hl. Geist noch immer geholfen. Ich muss aber auch bekennen: Das Geschenk Hl. Geist in der „Verpackung" zu lassen, ist manchmal bequemer. Denn Gott will immer auch mein Mittun, meinen Einsatz. Der Hl. Geist bringt Dynamik in mein Leben, und die ist manchmal anstrengend. Allerdings: Langweilig ist's nie, sich vom Hl. Geist anstecken zu lassen.

Mit der Firmung beginnt eine neue Etappe des Christseins. Der Heilige Geist wird uns geschenkt, um starke Zeugen Jesu Christi in der Welt sein zu können. Dieses große Geschenk sollten wir nicht in irgendeiner Rumpelkammer unseres Lebens verstauben lassen. Noch ein Hinweis zum Schluss: Manche haben in ihrer Jugend die Firmung aus welchen Gründen auch immer verpasst. Ist der Firmungs-Zug damit ein für alle Mal abgefahren? Keineswegs! Viele lassen sich auch als Erwachsene firmen, nach einer entsprechenden Vorbereitung. Die älteste Person, die ich bisher gefirmt habe, war über 80 Jahre alt. Also: Für die Firmung ist es nie zu spät!

3.6. Christus will sich sichtbar machen. – Die Weihe

„*Ich bin mit euch alle Tage bis zum Ende der Welt.*“ (Mt 28,20) Dieses Versprechen löst Christus durch die Sakramente ein. Mit diesen sichtbaren Zeichen schenkt er uns seine unsichtbare, aber höchst wirksame Zuwendung, die wir Gnade nennen. Eine gewisse Schlüsselstellung nimmt das Sakrament der Weihe ein. Denn es gehört wesentlich zur Sendung des Geweihten, anderen die Sakramente zu spenden.

Das Sakrament der Weihe wird in drei Stufen gespendet: Die erste ist die Diakonenweihe (manche bleiben Diakone, die sogenannten „Ständigen Diakone“), die zweite ist die Priesterweihe, und einige der Priester empfangen dann noch die Bischofsweihe.

Was sind Diakone, Priester und Bischöfe? Sind es bestimmte Berufe, die sich die Kirche erdacht und Menschen anvertraut hat, die sich darum bewerben? Natürlich nicht! Denn wenn wir von Sakrament sprechen, meinen wir, dass Christus der Urheber des Ganzen ist. Erinnern wir uns: Aus den Menschen, die Christus folgten, wählte er zwölf Männer aus, und gab ihnen bestimmte Vollmachten. Sie nannte er Apostel. *Apostel* kommt aus dem Griechischen und bedeutet wörtlich *der Gesandte*. Diese Apostel waren Gesandte Jesu, die in seiner Vollmacht und in seinem Auftrag handelten. Die Apostelgeschichte im Neuen Testament berichtet uns über ihr Wirken, nach der Heimkehr Jesu zum Vater und dem Pfingstfest, als Christus den Heiligen Geist gesandt hatte. Sie sollten dafür sorgen, dass die Lehre Jesu bewahrt und gleichzeitig entfaltet wurde. Sie sollten dafür sorgen, dass sein Heil zu den Menschen gebracht wurde.

Jesus ernannte Petrus zum Haupt der Apostel. Jesus band die Zwölf an sich und er sich an sie. Er sagte sogar: „*Wer euch hört, der hört mich*!" (Lk 10,16) Ganz wichtig ist der Auftrag Jesu, den er ihnen beim letzten Abendmahl gab, als er mit den Worten „*Das ist mein Leib, das ist mein Blut*" Brot und Wein in seinen Leib und sein Blut wandelte. Damals sagte er zu ihnen: „*Tut dies zu meinem Gedächtnis*!" (Lk 22,19) Und am Ostertag erschien er ebenfalls seinen Aposteln und sagte ihnen: „*Empfangt den Heiligen Geist! Denen ihr die Sünden erlasst, denen sind sie erlassen.*" (Joh 20,22)

Nun breitete sich das Christentum relativ schnell aus, zudem wurden die Apostel älter. Wie sollte es also weitergehen? Durch Handauflegung und Gebet gaben sie ihr Amt anderen Männern weiter, die wir bis heute Bischöfe nennen. Zudem wählten sie sich auch Helfer aus: Männer, die Christus ebenfalls sichtbar machen und Ihn unter Leitung der Bischöfe, in Wort und Tat zu den Menschen bringen sollten: die „Presbyter" oder Priester.

Schon sehr früh stellten die Apostel fest, dass ihnen auf Grund ihrer vielen Aufgaben zu wenig Zeit blieb, sich um die Armen und Benachteiligten zu kümmern. So wählten sie zunächst sieben Männer aus, die besonders den Dienst der Liebe an den Menschen üben sollten (das Wort *Diakon* kommt aus dem Griechischen und meint diesen Dienst der Liebe).

Wenn wir also heute in der Kirche Bischöfe, Priester und Diakone haben, so geht dies auf Christus selbst zurück. Allgemein gesprochen ist ihre Aufgabe, Christus im Hier und Heute sichtbar zu machen, Ihm Hand und Stimme zu leihen. Denn wenn der Priester am Altar die Worte „*Das ist mein Leib, das ist mein Blut*" spricht, dann ist dieses „Ich" nicht sein eigenes, sondern das Ich Jesu Christi. Und wenn er im Bußsakrament (wir werden noch darauf zurückkommen) sagt: „*Ich spreche dich los von deinen Sünden*", so ist auch dieses Ich Christus selbst, der durch die Worte des Priesters spricht.

Bischof, Priester und Diakon wird man nicht durch Bewerbung und Beauftragung, sondern durch Auswahl und Weihe. Was heißt das? So wie Christus sich seine Apostel ausgewählt hat (und übrigens andere, die sich „beworben" haben, weggeschickt hat), so wählt die Kirche – vertreten durch den Bischof – die Kandidaten für die Weihe aus und prüft, ob sie geeignet sind, ob sie eine wirkliche Berufung haben. Dem geht ein langjähriges Auswahlverfahren im Rahmen der Priesterausbildung voraus. Der Wunsch eines Kandidaten, Priester zu werden, ist deshalb nur die eine Seite, die andere Seite ist die Annahme durch die Kirche. Das ist übrigens sehr entlastend. Als ich am 18. Juni 1993 zum Priester geweiht wurde, konnte ich mir sicher sein: Christus hat mich berufen, denn er bindet sich ja an seine Apostel und deren Nachfolger. Und so bin ich fest davon überzeugt, dass die Annahme durch den Bischof damals die Annahme durch Christus bedeutete.

Das Entscheidende geschieht aber durch die Weihe. Im Rahmen einer hl. Messe wird durch Handauflegung und Gebet der Kandidat zum Diakon, Priester oder Bischof geweiht. Wir glauben als katholische Kirche, dass Christus in dieser Feier dem Kandidaten sein besonderes Siegel aufdrückt, das ihn in die Lage versetzt, Ihm Hand und Stimme zu leihen. Er soll dies ganz besonders in den Sakramenten tun, sozusagen objektiv feststellbar. Der Geweihte soll darüber hinaus durch seine Lebensführung Vorbild sein und auch so Christus sichtbar und berührbar machen.

Darin wurzelt der sogenannte Zölibat, das heißt das Versprechen der Priester und Bischöfe, die Lebensform Jesu anzunehmen und nachzuahmen, also für immer ehelos zu leben. Während folglich nur ledige Männer zu Diakonen, Priestern und Bischöfen geweiht werden, ist es bei den Ständigen Diakonen etwas anders. Diese können verheiratet sein und sollen sich in Glauben, Beruf und Familie bewährt haben.

Nun fragen manche, wieso denn evangelische Geistliche heiraten können. Ist das mit dem Zölibat nicht einfach veraltet? Ein evangelischer Geistlicher ist von seinem Selbstverständnis her etwas ganz anderes als ein Priester. Er ist Vertreter der Gemeinde und soll diese leiten und in den Gottesdiensten für die Gemeinde vor Gott hintreten. Der Priester ist nach katholischem Verständnis zwar auch Vertreter der Glaubenden vor Gott. Vor allem aber ist er von Christus angenommen, um Ihn, Christus, der Gemeinde gegenüber sichtbar, berührbar und erlebbar zu machen. Er ist nicht nur Vertreter der Gemeinde, sondern vor allem Vertreter Christi. (In der evangelischen Kirche gibt es daher die Bezeichnung „Priester“ für einen Geistlichen nicht. Er wird je nach seiner Funktion z. B. Pastor, Pfarrer, Prediger oder Vikar genannt.)

In unserer Zeit etwas schwer verständlich ist zudem die Tatsache, dass zu Diakonen, Priestern und Bischöfen nur Männer geweiht werden können. Ist das nicht eine Benachteiligung von Frauen? Wir haben schon festgehalten, dass das dreifache Amt auf das Apostelkollegium und damit auf Christus selbst zurückgeht. Viele Jünger sind Christus gefolgt – Männer und Frauen. Viele Frauen im Neuen Testament haben eine ganz herausgehobene Stellung. Denken wir nur an seine Mutter Maria, die wir nach Jesus Christus als den heiligsten und wichtigsten Menschen, der je gelebt hat, verehren. Oder an Maria Magdalena. Sie war die erste Zeugin der Auferstehung. Christus hat nicht nur ein ungezwungenes Verhältnis zu Frauen gehabt, er hat auch mit ihnen theologische Diskussionen geführt (vgl. die Diskussion mit der Samariterin am Jakobsbrunnen, Joh 4,1-42), was zu dieser Zeit geradezu skandalös war. Und dennoch: Für das Amt der Apostel hat er Männer ausgewählt und das, obwohl es im Kult der römischen Gottheiten auch Priesterinnen gab. Immer wieder hat die Kirche bekannt und steht dazu, dass sie nicht die Vollmacht hat, Lehre und Beispiel Jesu zu ändern. Denn die Kirche ist nicht im eigenen Auftrag und Ermessen unterwegs, sondern im Auftrag Jesu. Ist das nun eine Benachteiligung von Frauen? Die priesterliche Berufung ist eine sehr wichtige, aber eben nur eine von vielen. Priester sind deshalb nicht aus sich heraus heiliger und näher bei Gott. Die einzige wirkliche Karriere, die es in der Kirche vor Gott gibt, ist die, eine Heilige oder ein Heiliger zu werden. Und hier gibt es keine Bevorzugung von Männer oder Benachteiligung von Frauen, denn die Wirksamkeit der Gläubigen hängt nicht am Amt, das sie haben. Entscheidend ist die persönliche Heiligkeit. Die Heiligen sind die, die die Welt und die Kirche verändert, geprägt und immer wieder auch gerettet haben.

„*Ich bin mit euch alle Tage bis zum Ende der Welt.*" (Mt 28,20) Durch das Sakrament der Weihe will Christus uns nahe bleiben, sichtbar und erlebbar. Das ist ein großes Geschenk, aber für die Diakone, Priester und Bischöfe auch ein besonderer Ansporn, das eigene Leben so zu führen, dass es vor den Augen Gottes bestehen kann. Hier muss ich immer wieder meine eigene Hinfälligkeit, Schwäche und Begrenztheit erleben. Und ich frage mich manches Mal: Wieso hat sich Gott ausgerechnet uns Priester zu Werkzeugen erwählt, um zu den Menschen zu gelangen? Er hätte dies doch leichter allein machen können, hätte doch die Macht, das Herz eines jeden Menschen zu verwandeln. Aber: Christus hält an seinem „Projekt Mensch" fest. Er will durch Menschen in die Welt kommen. Priester haben dabei eine wichtige Aufgabe, aber eben nur eine. Sie stehen im Dienst der Gläubigen. Um es in einem zugegebenermaßen etwas platten Bild zu sagen: Ein Tankwart füllt Treibstoff in die Fahrzeuge, damit diese in die Welt fahren können. Ihr Dienst ist wichtig, aber kein Selbstzweck. Die Geweihten sind dazu da, den „Treibstoff" der Gnade Gottes zu spenden.

3.7. Botschafter des Christus-Bundes – Der Ehebund

Seit es Menschen auf der Welt gibt, fühlen sich Mann und Frau zueinander hingezogen. Sie suchen dabei mehr als eine Freundschaft, die man mit mehreren Menschen haben kann. Liebe zwischen Mann und Frau wählt aus. So richtig verliebt kann man nur in *eine* Frau / in *einen* Mann sein. Wenn die Liebe gereift und gefestigt ist, sehnen die zwei sich danach, dauerhaft beieinander zu bleiben. Zudem wollen Mann und Frau diese dauerhafte Liebe, die offen für Nachkommenschaft ist, auch äußerlich zum Ausdruck bringen. Eine wichtige Rolle spielt hier die Sexualität. Sie verleiht der Liebe zwischen Mann und Frau nicht nur ihre besondere Eigenheit, sondern es gibt sie auch, damit das Leben weitergegeben wird.

In allen Kulturen aller Zeiten gab und gibt es Zeremonien dieser besonderen Verbindung zwischen Mann und Frau, die wir Ehe nennen. Die Ehe ist keine menschliche Erfindung, sondern von Gott in das Herz des Menschen gelegt, in die Schöpfung eingeschrieben. Die Bibel berichtet uns darüber im sogenannten Schöpfungsbericht (Gen 2,1-24). Nach der Erschaffung der Welt mit allem, was sie belebt, folgt die Erschaffung des Menschen. Doch Adam – wie der erste Mensch in der Bibel genannt wird – fühlt sich einsam. Die Welt ist voller Lebewesen. „*Aber eine Hilfe, die dem Menschen ebenbürtig war, fand er nicht.*" (Gen 2,20) Nach der Erschaffung der Frau reagiert Adam begeistert: „*Das endlich ist Bein von meinem Bein und Fleisch von meinem Fleisch*". Und der biblische Autor ergänzt: „*Darum verlässt der Mann Vater und Mutter und hängt seiner Frau an und sie werden ein Fleisch.*" (Gen 2,23f.)

Die Ehe ist also ein besonderes Geschenk Gottes. Gott macht die Eheleute zu Mitarbeitern an seiner Schöpfung. Durch die Ehe möchte er den Fortbestand der Menschheit sichern. Und wenn ein Kind entsteht, dann ist das auch das Werk Gottes. Denn im Augenblick der Zeugung erschafft Er die unsterbliche Seele eines kleinen Menschen, der von Gott geliebt und gewollt ist, und seinerseits die Fähigkeit hat zu lieben. Eltern zu werden, bedeutet in besonderer Weise, am Schöpfersein Gottes mitzuwirken. Welche Würde schenkt Gott damit der menschlichen Elternschaft, die unendlich viel mehr ist als „Fortpflanzung".

Die Ehe ist so nicht nur eine Privatangelegenheit von zwei Menschen, sondern von Gott gewollt und geschaffen als kleinste Zelle der Menschheit. Durch ein Kind wird die Ehe zur Familie, die erste und ursprüngliche Gemeinschaft, die Gott uns Menschen gegeben hat. Verliebte sind daher auf ihrem Weg zur Ehe und als Eheleute durchs Leben nicht allein, sondern stehen unter dem besonderen Schutz Gottes. Auch hier zeigt sich, dass Gott ein Jemand ist, der uns in dieser Welt nicht allein lässt, sondern bei uns bleibt.

An anderer Stelle habe ich bereits über die Menschheitskatastrophe schlechthin, *die Sünde,* geschrieben (vgl. 1.3.). Die Heilige Schrift schildert, wie sie durch Adam und Eva in die Welt gekommen ist. Sie führte zu einem Riss zwischen Gott und Mensch, aber auch zu einem Riss zwischen den Menschen. Jeder Mensch erlebt diese innere Zerrissenheit in sich. Wir sind gut erschaffen und wollen gut sein. Doch gibt es auch in unserem Herzen das Böse, das uns gegen Gott und gegeneinander und manchmal gegen uns selbst aufbringt. Das wirkt sich auch auf die Ehe aus: Streit, Zwietracht, ja sogar Gewalt und Unterdrückung haben Einzug gehalten in diese von Gott erschaffene Beziehung zwischen Mann und Frau.

Doch Gott hat uns Menschen mit dem Problem nicht allein gelassen. In den zehn Geboten gibt es ein eigenes Gebot, das die Treue der Ehegatten zueinander schützen will, das 6. Gebot: „*Du sollst nicht ehebrechen*!" Doch kann der Mensch aus eigener Kraft das Gebot nur schwer einhalten. Er ist in der Sünde gefangen, sie schwächt seine Freiheit für das Gute. Christus, der Gottessohn, die Zuwendung Gottes zu uns Menschen in Person kam in die Welt, um uns aus dieser Gefangenschaft in der Sünde zu befreien. Er ist gekommen, um uns mit Gott zu versöhnen und unsere Liebesfähigkeit zu erneuern. Und wie die Sünde nicht an der Ehe vorbeiging und -geht, ohne sie zu verletzen, so ging und geht auch das Heil durch Christus nicht an der Ehe vorbei. Lesen wir, was dazu Jesus selbst sagt: „*Da kamen Pharisäer zu ihm, um ihn zu versuchen, und fragten: Darf man seine Frau aus jedem beliebigen Grund aus der Ehe entlassen? Er antwortete: Habt ihr nicht gelesen, dass der Schöpfer sie am Anfang männlich und weiblich erschaffen hat und dass er gesagt hat: Darum wird der Mann Vater und Mutter verlassen und sich an seine Frau binden und die zwei werden ein Fleisch sein? Sie sind also nicht mehr zwei, sondern ein Fleisch. Was aber Gott verbunden hat, das darf der Mensch nicht trennen. Sie sagten zu ihm: Wozu hat dann Mose vorgeschrieben, der Frau eine Scheidungsurkunde zu geben und sie aus der Ehe zu entlassen? Er antwortete: Nur, weil ihr so harther-*

zig seid, hat Mose euch gestattet, eure Frauen aus der Ehe zu entlassen. Am Anfang war das nicht so.“ (Mt 19,3-8) So stellt Christus die Ehe in der ursprünglich gemeinten Weise wieder her. Liebe sehnt sich nach Unendlichkeit, nach Treue und Verlässlichkeit. Man möchte sich aufeinander verlassen können – ein Leben lang. Christus sorgt dafür, dass dies keine unerfüllbare Sehnsucht bleiben muss. Und so gibt er durch sein Sakrament der Liebe der Eheleute eine Festigkeit, die sie aus sich heraus nicht haben kann. Christus hat mit der Kirche einen unauflöslichen Bund geschlossen. Und dieser unauflösliche Bund wird wie in einem Spiegel sichtbar im unauflöslichen Ehebund. Christus macht die Eheleute zu Botschaftern seines Bundes mit den Menschen.

Christus hat dem Ehebund so eine neue Würde gegeben. War sie von der Schöpfung an schon der Bund zweier Menschen, der den Fortbestand der Menschheit gesichert hat, so ist er nun durch das Kommen Christi zum sichtbaren Zeichen seines unsichtbaren Bundes mit der Kirche. Es gibt keine Religion, in der die Ehe einen so hohen Stellenwert hat: eine menschliche Verbindung, Zeichen der Verbindung Gottes mit dem Menschen.

Manche denken, das Sakrament der Ehe bedeute zunächst einmal viele zu erfüllende Vorschriften. In Wirklichkeit steht an erster Stelle die Zusage Gottes: *„Ich stelle mich mit meinem Ja hinter euer Ja zueinander. Ich gebe euch eine Festigkeit, die ihr selbst nicht habt. Und euer Bund bringt meinen Bund mit der Kirche zum Leuchten. Habt Vertrauen!*“ Aber auch dieses Sakrament ist kein „Automat“. Gott wirkt nur dann, wenn wir es zulassen. Er schenkt uns die Kraft zur Treue, aber dieses Geschenk wird zur Herausforderung, wenn wir es nutzen wollen, Christus in das eigene Leben zu lassen, damit Er uns diese Festigkeit schenken kann, die wir selbst nicht haben. Auch hier zeigt sich: „*Wir glauben an einen Gott, der bei uns bleibt jeden Tag in unserem Leben.*"

3.8. Christus stärkt den Leidenden – die Krankensalbung

Wenn wir die Evangelien lesen, dann kommen da immer wieder Heilungen von Kranken vor. Christus wirkt Wunder. Sie sind Zeichen seiner göttlichen Macht. Zugleich sind sie Zeichen seiner Zuwendung zu allen Kranken und Leidenden. Auch diese Zuwendung endet nicht mit dem irdischen Leben Jesu, sondern er legt sie in die Hände der Apostel. So sagt er vor seiner Heimkehr zum Vater: „*In meinem Namen werden ... die Kranken, denen sie die Hände auflegen, gesund werden.*" (Mk 16,17-18) Ebenso wie Jesus nicht alle Kranken seiner Zeit durch Wunder geheilt hat, so ist auch nicht jede Handauflegung der Apostel und ihrer Nachfolger immer mit einem Wunder verbunden. Wunder geschehen eher selten.

Doch die Apostel haben den Auftrag Jesu ernst genommen, und so schreibt der Apostel Jakobus: „*Ist einer unter euch krank, dann rufe er die Ältesten der Gemeinde zu sich; sie sollen Gebete über ihn sprechen und ihn im Namen des Herrn mit Öl salben. Das gläubige Gebet wird den Kranken retten und der Herr wird ihn aufrichten; und wenn er Sünden begangen hat, werden sie ihm vergeben.*" (Jak 5,14-15)

Genau das tun die Priester bis heute, wenn sie Kranken die „Krankensalbung" spenden. Auch hier leihen sie Christus die Stimme und die Hand, um ihnen die Zuwendung des Herrn zu schenken. In meinem bisherigen priesterlichen Leben habe ich häufig die Krankensalbung gespendet. Manchmal hat sie tatsächlich zur körperlichen Genesung geführt – zu oft, als dass ich nur an eine natürliche Erklärung dafür glauben möchte. Manche konnten durch die Krankensalbung auf andere Weise „gerettet“ werden, wie der Apostel Jakobus schreibt. Die endgültige Rettung erfolgt ja ohnehin nicht in dieser Welt, sondern in der kommenden. Sehr oft habe ich eine innere Stärkung und Aufrichtung der Kranken und Sterbenden erlebt. Viele haben den Mut wiedergefunden, den sie längst verloren hatten, und die Hoffnung und Vorfreude auf die Gemeinschaft mit Christus konnte wachsen.

In früheren Zeiten wurde die Krankensalbung „Letzte Ölung“ genannt. Daraus ist das Missverständnis entstanden, dieses Sakrament würde nur gespendet, wenn es ans Sterben geht. Dabei hat der Name „Letzte Ölung“ eine andere Wurzel. In verschiedenen Sakramenten werden die Empfänger gesalbt (bei der Taufe, der Firmung, der Priester- und der Bischofsweihe). In der Reihenfolge dieser Sakramente ist die Salbung eines Kranken die letzte – aber nicht unbedingt die letzte im Leben. Dieses Missverständnis führte dazu, dass man geradezu eine Angst vor diesem Sakrament entwickelte, als sei dies ein Todesurteil. Gott sei Dank haben wir diese Zeit überwunden. Aber immer noch haben manche Scheu, einen schwer erkrankten Angehörigen auf die Krankensalbung hinzuweisen. Meine Bitte in solchen Fällen: Habe Mut, auf dieses Geschenk Christi hinzuweisen. Das ist praktizierte Nächstenliebe! Christus wendet sich den Kranken zu, er lässt sie nicht allein. Das Sakrament der Krankensalbung bewirkt dies in einer besonderen Weise. Die Zuwendung Christi beschränkt sich aber nicht auf das Sakrament.

Ich bin davon überzeugt, Christus ist bei den Leidenden. So manche, die sich dieser Zuwendung Christi geöffnet haben, haben in schweren Stunden Liebe, Kraft und Trost durch ihn erfahren. Auch hier zeigt sich: Wir glauben an einen Gott, der jeden Tag in unserem Leben bei uns bleibt.

3.9. Christi barmherzige Umarmung – Die Beichte

Gott ist in die Welt gekommen, um die Welt mit sich zu versöhnen. Darüber habe ich schon etwas geschrieben (vgl. 1.7 Versöhnung durch das Kreuz). Schuld und Sünde sind Wirklichkeiten unseres Lebens. Immer wieder verfallen wir der Versuchung, selbst sein zu wollen wie Gott, uns über Gott und die Menschen zu erheben. Denn das ist der Kern jeder Sünde. Es ist gut zu wissen, dass Gott uns auch dort, wo wir versagt haben, nicht allein lässt. Er schenkt uns Vergebung. Diese Vergebung hat er für alle Menschen aller Zeiten am Kreuz erworben. Was geschieht vor diesem Hintergrund in der Beichte (=in der Spendung des Bußsakramentes)? Wir sind Menschen mit Leib und Seele. Wir haben nicht nur Verstand, sondern auch Gemüt, das sich zum Ausdruck bringen will. Wenn ich jemanden gernhabe, dann drängt es mich danach, es dieser Person auch zu sagen, es sie spüren zu lassen, meine Zuneigung sichtbar zu machen. Liebe will „verleiblicht" werden. Wie ein Instrument die Musik, so bringt unser Leib die Seele zum Klingen. Das gilt auch, wenn es um Verzeihung und Versöhnung geht. Wenn ich jemanden beispielsweise durch meine Worte verletzt habe, und dies erkenne, dann will ich mich mit dieser Person versöhnen. Ich will mir die Bitte um Versöhnung von der Seele reden, auch wenn es schwerfällt. Und noch mehr bin ich darauf angewiesen, dass diese Person die Bitte um Vergebung annimmt, dass sie mir wirklich vergibt, dass sie mich entschuldigt. Es reicht mir nicht, dass ich mir denken kann, die Person hat mir vergeben, ich will es erleben. Auch Versöhnung will „verleiblicht" werden.

Kurzum: Wissen und Erleben sind zwei verschiedene Dinge. Um die Liebe eines Menschen zu wissen, ist das eine, aber sie auch zu erleben, macht diese Liebe erst zur lebendigen Wirklichkeit. Und so ist es auch mit der Vergebung. Um sie zu wissen, ist das eine, aber sie zu erleben, macht dieses Wissen erst zur vollen Wirklichkeit. Bezogen auf den Glauben: Dass Christus ans Kreuz gegangen ist, um uns mit sich zu versöhnen, ist das eine. Aber damit ist das noch lange nicht zum Erlebnis geworden.

Christus weiß um unsere leib-seelische Eigenart, die immer auch das Erleben benötigt. Er hat es nicht dabei belassen, der Welt zu verkünden, dass er Versöhnung schenkt. Er hat seinen Aposteln am Ostertag den Auftrag gegeben: *„Denen ihr die Sünden erlasst, denen sind sie erlassen; denen ihr sie behaltet, sind sie behalten.“* (Joh 20,23) Damit die Apostel diesen Auftrag erfüllen, müssen sie hören, worum es geht, und erfahren, ob es den Betreffenden auch wirklich leidtut, denn nur dann kann ja Vergebung geschenkt werden. Christus wollte die Vergebung nicht erschweren, sondern sie zum Erlebnis werden lassen.

Hier sind wir beim Bußsakrament angelangt, auch Sakrament der Versöhnung oder einfach Beichte genannt. Sakramente machen ja Unsichtbares sichtbar und Geistiges auch leiblich erfahrbar. Genau das geschieht in der Beichte! Da gibt es den Priester, der eben diese Vollmacht der Apostel hat, Sünden zu vergeben. Der Priester leiht Gott nur das Ohr und die Stimme. Was ich in der Beichte sage, sage ich Gott selbst. Dies geschieht unter vier Augen. Für diese Vier-Augen-Begegnung gilt das sogenannte „Beichtgeheimnis“. Würde der Beichtvater – wie wir ihn nennen – etwas von dem erzählen, was ich ihm sage, würde er sofort aus der Kirche ausgeschlossen. Er würde „exkommuniziert“, die härteste Strafe, die die Kirche verhängen kann. Einen vertrauteren Raum gibt es also nicht. Und nun kann ich mir buchstäblich alles von der Seele reden.

Wenn ich etwas sage, was in meinem Herzen verborgen ist, dann kommt dieses Verborgene in mein Bewusstsein und wird so offen und in gewisser Weise zum Erlebnis. Wenn ich z. B. sage: „Ich habe dich gern“, dann ist das doch viel mehr, als wenn ich es nur denke. Meine Liebe gewinnt dann an Wirklichkeit und Tiefe. So ist das auch im Bußsakrament. Indem ich ausdrücke, was mir unangenehm, peinlich ist, und was ich am liebsten nicht getan hätte – kurz: was Sünde ist –, dann tritt es mir klarer und deutlicher vor Augen. Aber in gewissem Sinne verlässt es mich auch, das meint ja das Wort „sich etwas von der Seele reden“. Und noch mehr: Es bleibt nicht dabei, dass ich so meine Seele erleichtere, ich sage das nicht einfach in einen leeren Raum, sondern einer Person, die es hört und mich davon im Auftrag Christi befreit. Der Beichtvater wird mir vielleicht noch ein paar Tipps geben, mich auf das ein oder andere hinweisen. Auch wird er mir ein Werk auftragen, das meine Reue deutlich machen soll, die sogenannte Buße (meistens ist das ein Gebet, manchmal eine Wiedergutmachung).

Das Entscheidende ist dann die „Lossprechung“. Wörtlich hört sie sich so an: *„Gott, der barmherzige Vater, hat durch den Tod und die Auferstehung seines Sohnes die Welt mit sich versöhnt und den Heiligen Geist ge-*

sandt zur Vergebung der Sünden. Durch den Dienst der Kirche schenke er dir Verzeihung und Frieden. SO SPRECHE ICH DICH LOS VON DEINEN SÜNDEN IM NAMEN DES VATERS UND DES SOHNES UND DES HEILIGEN GEISTES. AMEN." Was für eine Befreiung! Ich kann nicht nur darauf hoffen und daran glauben, dass Gott mir vergibt, ich höre es. Vergebung wird zum Erlebnis! Ich muss dabei immer wieder an eine Begebenheit im Evangelium denken: Jesus erzählt seinen Jüngern ein Gleichnis, das vom „*Verlorenen Sohn und barmherzigen Vater*" (Lk 15,11-32). Der Sohn eines reichen Mannes lässt sich sein Erbe auszahlen und verprasst es. Er kommt zu der Einsicht, dass er großen Unfug angerichtet hat. Es tut ihm leid, er kehrt zu seinem Vater zurück. Es wäre ihm schon genug, wenn er beim Vater als Knecht im Stall arbeiten könnte, doch die Reaktion des Vaters ist eine andere: „*Der Vater sah ihn schon von Weitem kommen und er hatte Mitleid mit ihm. Er lief dem Sohn entgegen, fiel ihm um den Hals und küsste ihn. Da sagte der Sohn zu ihm: Vater, ich habe mich gegen den Himmel und gegen dich versündigt; ich bin nicht mehr wert, dein Sohn zu sein. Der Vater aber sagte zu seinen Knechten: Holt schnell das beste Gewand und zieht es ihm an, steckt einen Ring an seine Hand und gebt ihm Sandalen an die Füße*!" (Lk 15,20-22) Ist das nicht genau das, was in der Beichte geschieht? Ich bekenne Gott den Unfug meines Lebens, und durch die Worte des Beichtvaters „*Ich spreche dich los…*" erlebe ich, dass Gott mich in seine Arme nimmt und mir wieder neu die Würde eines Kindes Gottes schenkt.

Jede Beichte ein Erlebnis der liebenden Umarmung Gottes! Und nun kommt noch ein weiteres hinzu: Das

Bußsakrament kann ich immer wieder empfangen. Ja, es ist sogar empfehlenswert, es sehr regelmäßig zu empfangen. Warum soll ich das, was mich belastet, länger als nötig mit mir herumtragen? Und zudem: Je regelmäßiger ich mein Gewissen erforsche, desto sensibler werde ich auch für die kleinen Sünden, an die ich mich so leicht gewöhne, und die sich leicht vergrößern können. Hier wird auch die Geduld Gottes mit mir zum Erlebnis. Oft sind es bei mir (und sicherlich bei anderen auch) dieselben Versuchungen und Schwierigkeiten, über die ich stolpere. Aber Gottes Barmherzigkeit ist immer größer als meine Unzuverlässigkeit. Eines darf ich auf jeden Fall nie: An der Güte, Geduld und Barmherzigkeit Gottes zweifeln! Sie sind grenzenlos! Allerdings muss ich bereit sein, sie anzunehmen. Ohne mein Mittun geht's auch hier nicht.

3.10. Habt keine Angst! – Geborgenheit an jedem Tag

„Wir glauben an einen Gott, der bei uns bleibt, jeden Tag in unserem Leben." So ist dieses Kapitel überschrieben. Kirche und Sakramente zeigen, was diese Aussage konkret bedeutet. Hier geht es nicht um Gedankenexperimente, sondern um wahrnehmbare Erlebnisse. Keine unserer Lebenssituationen ist Gott fremd. In allem möchte er präsent sein, sogar, wenn wir versucht sind, uns von ihm abzuwenden.

Allerdings, um es zu wiederholen und damit zu unterstreichen: Die Sakramente wirken nicht wie ein „Automat". Sie fordern unser Mittun, unsere Bereitschaft und unsere Entscheidung für diese Begegnungen mit Christus.

Die Entscheidung für Christus nennen wir Glauben. Es ist der Schritt hinein ins Gottvertrauen. Ohne diesen Schritt bleibt uns die Begegnung mit Christus verschlossen. Ohne Vertrauen werden wir nicht zur Freundschaft mit ihm kommen und ihm nicht wirklich in unserem Herzen begegnen können. Es gibt viele Argumente, die für die Freundschaft mit Christus sprechen, und eine „*Wolke von Zeugen*", wie es im Hebräerbrief im Neuen Testament heißt, belegt, dass diese Freundschaft mit Christus ein großes Geschenk ist. (Auch ich bezeuge das von Herzen!) Doch all das entbindet mich nicht davon, eine eigene Entscheidung zu treffen.

Jesus Christus vertrauen! Ohne Vertrauen geht eigentlich gar nichts. Wir können keinen Tag ohne Vertrauen leben. Schon wer morgens in einen Bus einsteigt, um zur Schule oder zum Arbeitsplatz zu fahren, vertraut dem Fahrer. Oder wer geht etwa zu ihm und lässt sich seinen Führerschein zeigen? Wir vertrauen den Lehrern, die uns unterrichten, den Ärzten, die uns untersuchen und vielen mehr. Wieso tun wir uns eigentlich so schwer, Christus zu vertrauen? Mein Vorschlag: Vertrau Ihm auch dann, wenn du Zweifel im Herzen hast und dir nicht alles klar ist. Er wird dich immer tiefer in seine Freundschaft führen und dir die Augen öffnen.

Auch das sei in aller Offenheit gesagt: Nicht immer ist die Freundschaft mit Christus ein fühlbar großartiges Erlebnis. Auch mir fällt das Beten, das Sprechen mit ihm, nicht immer leicht. Manchmal ist es so wie mit der Sonne, die sich hinter Wolken verbirgt. Wir sehen sie nicht, es ist kühl und nass, und doch wissen wir, die Sonne ist da. Ähnlich ist das mit dem Glauben. Auch wenn wir nicht immer die besten, größten und schönsten Erlebnisse haben, wir wissen – wenn wir den Glaubensschritt getan haben –, Christus ist da, und er lässt uns nicht allein.

Wenn ich diesen Schritt getan habe, dann wird mir immer klarer, dass ich in ihm eine Geborgenheit und Sicherheit finde, nach der ich mich sehne, die mir aber niemand in dieser Welt so schenken kann wie er. Immer wieder beobachte ich kleine Kinder auf dem Arm der Mutter. Solange sie dort sind, schauen sie vergnügt und fröhlich in die Welt. Sie fühlen sich geborgen. Wir sind Kinder Gottes, deshalb können wir mit Fug und Recht sagen: Solange wir bei ihm geborgen sind, kann uns nichts passieren. Natürlich können wir krank werden oder anderen Schaden erleiden, doch was auch kommen mag, allein sind wir dabei nicht. Ein Glaubenszeuge im „Dritten Reich" wurde von den Nazis verhaftet und verurteilt. An seine Familie schrieb er: *„Macht euch keine Sorgen! Mehr als das Leben können sie mir nicht nehmen."* Auch in solchen Situationen – die uns hoffentlich erspart bleiben – sagt Jesus zu Dir und mir: *„Hab keine Angst! Ich bin da. Niemals lasse ich dich allein."*

4. Gemeinschaft

Wir glauben an einen Gott, der uns aus allen Völkern und Nationen zu einer Gemeinschaft von Brüdern und Schwestern verbindet.

Verbunden durch die gemeinsame Gotteskindschaft und den gemeinsamen Glauben können alle Kulturen dieser Welt einander ergänzen und bereichern. „*Wer glaubt, ist nie allein*!" (Papst Benedikt XVI.). Liebe und Friede unter den Menschen sind möglich.

4.1. „Es ist nicht gut, dass der Mensch allein bleibt.“ – Die Nächstenliebe

Wie schon ausgeführt (vgl. 1.1 und 1.2) hat Gott den Menschen aus Liebe und zur Liebe geschaffen und der Mensch ist Abbild Gottes, das heißt, dass er in seinem Innersten das Bild Gottes trägt und damit eine gewisse Ähnlichkeit mit Gott hat. Wir meinen zwar manchmal, uns wie Gott selbst aufführen zu müssen, als Herren der Welt und unserer Mitmenschen. Aber genau das will das Bild Gottes in uns nicht. Ja, das Bild, das Gott in unsere Seele gelegt hat, wird damit geradezu auf den Kopf gestellt.

Was heißt es, dass wir das Abbild Gottes in uns tragen? Im Telegrammstil: Gott ist in sich Gemeinschaft aus Vater, Sohn und Heiligem Geist (vgl. 2.2 Der Mensch – Bild Gottes). Die innige Liebe, die Vater und Sohn miteinander verbindet, ist so stark, dass sie eine eigene Person ist, die Person des Heiligen Geistes. Gott ist also in sich Gemeinschaft. Wir tragen das Bild Gottes in uns, der Gemeinschaft ist, deshalb sind auch wir auf Gemeinschaft angelegt, ja, auf sie angewiesen. Ohne Liebe und Gemeinschaft können wir gar nicht leben.

„*Es ist nicht gut, dass der Mensch allein ist.*“ (Gen 2,18) So sagt Gott in der Schöpfungsgeschichte nach der Erschaffung des Adam. Der Grund für dieses „Nicht-gut-Sein“ der Einsamkeit ist daher Gott selbst, der Gemeinschaft ist. Und so hat es Gott in die Schöpfung eingeschrieben, dass der Mensch aus einer besonderen Gemeinschaft, der Gemeinschaft von Mann und Frau und deren Liebe zueinander hervorgeht, und dass er ohne die Gemeinschaft – zunächst mit den Eltern – gar nicht leben und wachsen kann.

So sehr wir uns nach Liebe und Gemeinschaft sehnen, so sehr müssen wir feststellen: Die Liebe zu leben ist offensichtlich nicht so ganz leicht. Zank, Zwietracht, Entzweiung, Ausgrenzung, Unterdrückung, Mobbing sind Wirklichkeiten, die auf die eine oder andere Weise jeder kennt. Schon die Bibel schildert uns den Mord Kains an seinem Bruder Abel. Und sie schildert uns dies als Folge der Abwendung des Menschen von Gott, durch die die Sünde in die Welt kam. Irgendwie sind wir Menschen innerlich zerrissen. Einerseits sehnen wir uns nach Liebe und freuen uns, selbst Liebe zu schenken, andererseits aber unterliegen wir auch immer wieder der Versuchung, genau das Gegenteil zu tun, im Kleinen wie im Großen. Wie viel Grausamkeiten und Kriege gab es und gibt es in der Welt, und wie viel Hass und Entzweiung auch unter nächsten Angehörigen?!

Aber halten wir uns nicht damit auf, über die böse Welt zu jammern. Die Botschaft des Christentums lautet: Liebe ist möglich! Schalten wir daher den Vorwärtsgang ein und fragen wir zunächst: Was ist eigentlich Liebe?

Ganz allgemein bedeutet Liebe: Ich sage Ja zu einem Menschen um seiner selbst willen. Was heißt das? Ja sagen bedeutet: Es ist gut, dass du da bist. Nun kann es für diese Aussage verschiedene Gründe geben. Wenn ein Geschäftsmann einen Kunden besucht, so sagt er sich auch: Es ist gut, dass du da bist. Und zwar ist es deshalb gut, weil ich mit deiner Hilfe Umsatz und wirtschaftlichen Erfolg habe. Das ist nichts Böses, aber es ist auch offensichtlich noch keine Liebe. Deshalb der Zusatz: „um seiner selbst willen". Der Mensch hat seine Existenzberechtigung, nicht, weil er mir von Nutzen ist, sondern weil er da ist. Aus dem Glauben heraus können wir das auch begründen und sagen: Es ist gut, dass du da bist, weil du genauso von Gott mit seiner Liebe gewürdigt bist wie ich selbst. Du hast Würde, ich habe Würde. Gott sagt zu dir und mir: „Es ist gut, dass ihr da seid." Und wenn Gott das tut, dann tue ich es auch. Im Unterschied zu Sachen hat der Mensch keinen „Wert" – denn dieser ist abhängig von dem, was andere wollen. Der Mensch hat Würde – von Gott unveränderbar geschenkt, nicht von Menschen zuerkannt.

Hier wird deutlich, dass Liebe etwas anderes ist als Sympathie. Ich kann einen Menschen durchaus respektieren und dieses Ja zu ihm sagen, auch wenn er mir nicht sympathisch ist. Sicher bin ich nicht allen Menschen sympathisch und nicht alle Menschen sind mir sympathisch, und dennoch habe ich den Anspruch, dass ich ihnen in Liebe begegnen möchte und erhoffe mir auch dasselbe von ihnen.

Liebe ist also nicht Sympathie – wenn auch Sympathie die Liebe sehr erleichtert –, Liebe ist *Wohlwollen*. Das heißt: Ich will dir wohl, ich wünsche dir das gleiche Wohl, was ich mir für mich wünsche. Hier geht es also nicht um ein „Ich fühle", sondern um ein „Ich will". Dieses Wohlwollen können wir tatsächlich jedem Menschen entgegenbringen. Als Jesus gekreuzigt wurde, betete er zu seinem Vater im Himmel: „*Vater, vergib ihnen, denn sie wissen nicht, was sie tun.*" (Lk 23,34). Jesus bringt denen, die ihn grausamst umgebracht haben, Wohlwollen entgegen. Er setzt sich bei seinem Vater für sie ein wie ein Anwalt und bittet um Gnade. Das ist wirklich Liebe, die bis zum Äußersten geht. Jesus erfüllt selbst das, was er in der Bergpredigt uns allen ans Herz legt: „*Liebt eure Feinde und betet für die, die euch verfolgen.*" (Mt 5,44)

Ist das nicht eine Überforderung? Wer kann das schon außer Jesus selbst? So sehr die Frage berechtigt ist, so sehr gibt uns unser christlicher Glaube eine klare Antwort: Jesus Christus ist in die Welt gekommen und hat uns seine Liebe geschenkt, auch damit wir diese Liebe weiterschenken. Wie eine Schale mit Wasser so gefüllt wird, dass sie überfließt, so will uns Jesus mit seiner Liebe erfüllen, dass sie überfließt auf andere Menschen. Papst Benedikt XVI. brachte es auf den Punkt, als er formulierte: „*Liebe kann ‚geboten' werden, weil sie zuerst geschenkt wird.*" (Enzyklika Deus caritas est, 14). Und so sagt uns Jesus Christus: „*Du sollst den Herrn, deinen Gott, lieben mit deinem ganzen Herzen und deiner ganzen Seele, mit deiner ganzen Kraft und deinem ganzen Denken, und deinen Nächsten wie dich selbst.*" (Lk 10,27)

Halten wir fest: Christentum ohne Gottesliebe gibt es so wenig wie Christentum ohne Nächstenliebe. Christ kann ich niemals nur allein sein, sondern immer nur in Beziehung zu anderen, auch wenn diese weder gläubig, noch meine Freunde, noch mir nützlich sind. Wir Menschen sind auf Gemeinschaft ausgerichtet und bilden Gemeinschaft. Eine besondere Gemeinschaft ist die Gemeinschaft der Christen in der Kirche …

4.2. „Liebt einander, wie ich euch geliebt habe.“ – Hingabe

Ohne Gottes- und Nächstenliebe gibt es kein Christentum. Nun gibt es aber Liebe nicht nur im Christentum. Es wäre falsch zu meinen, nur wir Christen könnten wahrhaft lieben. Auch Nichtchristen können lieben. Aber etwas unterscheidet die christliche Liebe von allem anderen, das auch wahrhaft und gut ist. Was ist das?

Ich möchte von einer Begebenheit erzählen, die sich in Rom zugetragen hat. Dort gibt es in der Nähe des Petersdomes eine Niederlassung der Missionaries of Charity, einer Schwesterngemeinschaft, die die hl. Mutter Teresa von Kalkutta gegründet hat. Die Schwestern unterhalten dort in Rom eine Armenküche. Einmal kam ein angetrunkener Obdachloser – längst war die Zeit der Essensausgabe vorbei – und klingelte heftig solange, bis jemand öffnete. Ziemlich unverschämt forderte er dann von einer der Schwestern, ihm ein Lunchpaket zu bringen. Als ich die Begebenheit las, dachte ich in diesem Moment: Wie hätte ich reagiert? Wahrscheinlich in etwa so: „*Guter Mann, werden sie erst einmal nüchtern, kommen sie morgen wieder und fragen in freundlichem Ton, dann bekommen sie gerne ein Lunchpaket*“. Was tat die Schwester? Sie verschwand und kam kurze Zeit später mit einem Lunchpaket zurück. Wort- und danklos zog der Obdachlose ab. Er suchte sich ein ruhiges Plätzchen und öffnete das Paket. Darin waren die üblichen Sachen, die es zum Mittagessen gibt. Aber obenauf lag noch etwas Besonderes. Etwas, das es sonst nie gab: eine dicke, fette Tafel Schokolade. Er war so irritiert und sprachlos, dass er sein Paket wieder zusammenpackte und zurück zu den Schwestern ging. Wieder klingelte er. Als ihm geöffnet wurde, fragte er höflich, ob er wohl mit der Schwester sprechen könne, die ihm dieses Lunchpaket bereitet habe. Sie wurde geholt, und er sagte zu ihr: *„Schwester, erzählen sie mir von ihrem Jesus, der sie verleitet, solche Dinge zu tun.*"

Das ist echte Nächstenliebe im christlichen Sinn! Nicht Gleiches mit Gleichem vergelten, sondern selbst Hass mit Liebe zu beantworten.

Am Abend vor seinem Leiden sagte Jesus zu seinen Jüngern: *„Ein neues Gebot gebe ich euch: Liebt einander! Wie ich euch geliebt habe, so sollt auch ihr einander lieben.*" (Joh 13,39) Ein neues Gebot? Den Auftrag zur Nächstenliebe gab es doch immer schon. Was ist daran neu? Neu ist die Art und Weise, wie Christus uns geliebt hat. Ich habe bereits erklärt, warum Liebe etwas anderes ist als ein Gefühl, ja noch nicht einmal mit einem guten Gefühl einhergehen muss. Liebe bedeutet Wohlwollen, ich wünsche dem anderen das gleiche Wohl, das ich für mich wünsche. Das Wohl des Anderen tritt immer mehr in den Vordergrund und das eigene Ich in den Hintergrund. Ich möchte zum Beispiel einem lieben Menschen etwas schenken, mache mir damit viel Mühe, versuche herauszubekommen, womit ich dem lieben Menschen eine Freude machen kann. Ich investiere Zeit und vielleicht auch Geld in das Geschenk, aber ich tue es gerne, weil mir eben der liebe Mensch wichtig ist. Und wenn das Geschenk dann noch ankommt und die Freude groß ist, dann werde ich doch selbst froh. Nächstenliebe bedeutet, sich am Du des Anderen zu freuen, Freud und Leid miteinander zu teilen.

Was kommt nun durch die Liebe, mit der Jesus uns geliebt hat, hinzu? Jesus schenkt uns nicht nur Wohlwollen. Er schenkt uns nicht nur etwas, sondern sich selbst. Die Sendung Jesu ist nichts anderes als ein völliges sich Verschenken. Er selbst sagt von sich: *„Denn auch der Menschensohn ist nicht gekommen, um sich dienen zu lassen, sondern um zu dienen und sein Leben hinzugeben als Lösegeld für viele."* (Mk 10,45) Hinzu kommt, dass Christus gesagt hat: *„Was ihr für einen meiner geringsten Brüder getan habt, das habt ihr mir getan."* (Mt 25,40). Das heißt, Jesus identifiziert sich mit jedem einzelnen Menschen. Wenn wir einander Wertschätzung entgegenbringen, bringen wir sie damit auch Christus entgegen. Wenn wir jemandem diese Wertschätzung verweigern, verweigern wir sie damit auch Christus. Und schließlich glauben wir auch, dass Christus uns dabei hilft, die Liebe konkret zu praktizieren.

Einander zu lieben, wie Jesus uns geliebt hat, bedeutet – bildlich und zugleich praktisch gesprochen –, auf unser Tun die Tafel Schokolade zu packen. Großherzig, großzügig, unabhängig von Dank und Anerkennung; nicht nur etwas schenken, sondern in diesem Etwas auch ein wenig sich selbst. Und wenn wir uns ganz verschenken, dann erfüllen wir genau das, was Jesus mit seinem neuen Gebot gemeint hat: *„Liebt einander wie ich euch geliebt habe."* (Joh 13,39)

Es gibt zwei Lebensformen, deren Kern die Hingabe ist. Zum einen die christlich verstandene Ehe: Mann und

Frau machen sich einander zum Geschenk. Sie geben sich ganz – ohne zeitliche Begrenzung – in die Hand des anderen. Sie wollen einander lieben, wie Christus uns geliebt hat. Die zweite Lebensform der Hingabe ist die Ehelosigkeit „um des Himmelreiches willen". Im Zölibat der Priester und im Gelübde der Ordensleute und im Versprechen anderer, die ihr ganzes Leben Christus weihen und dafür auf die Ehe verzichten, geht es um diese Hingabe. Bei beiden Lebensformen geht es darum, sich ganz und vorbehaltlos Christus zu schenken, und ihn so zu lieben, wie er uns zuvor geliebt hat.

4.3. Gemeinschaft, Gesellschaft, Staat

Wie bereits gesehen: Jedes Ich ist auf ein oder mehrere „Du" angewiesen. Denn es ist nicht gut, dass der Mensch allein lebt. Die erste und ursprünglichste aller Gemeinschaften der Welt ist die Familie, denn jedes Kind, das geboren wird, hat eine Mutter und einen Vater. Eine Familie ist mehr als eine Ansammlung von „Ichs", sondern ein „Wir". Gemeinschaft bedeutet, dass Menschen miteinander durch etwas Gemeinsames verbunden sind. Die Verbundenheit zwischen Eltern untereinander und mit ihren Kindern ist die stärkste, die wir in dieser Welt haben. (Deshalb leiden wir ja auch besonders daran, wenn die Familie zerbricht, zerstritten oder gar zerstört ist.)

In der Familie spielt die Blutsverwandtschaft eine entscheidende Rolle, so gibt es andere Gemeinschaften, die sich aus anderen Gründen finden: Ein Freundeskreis ist verbunden durch wechselseitige Wertschätzung, gemeinsamen Werthorizont, übereinstimmende Interessen und vieles mehr. Wenn es nicht dieses Gemeinsame von allen Beteiligten gäbe, würde ein Freundeskreis zerfallen. Hier zeigt sich, wie wichtig die Botschaft Christi auch für solche Freundeskreise ist, denn Nächstenliebe bedeutet ja, den anderen/die andere um seiner/ihrer selbst willen zu bejahen, zu sagen: „Es ist gut, dass du da bist."

Nun gibt es viele Gemeinschaften, die wir uns aussuchen müssen. Dazu gehören unsere Freundeskreise, Interessengruppierungen, auch eine Glaubensgemeinschaft. Auch zu letzterer kann niemand gezwungen werden. Wir haben also unsere (Wahl-)Freiheit. Es gibt aber Gemeinschaften, die uns vorgegeben sind. Eine wesentliche habe ich eben schon erwähnt. Es ist die eigene Familie. Hinzu kommt eine weitere: mein Land, mein „Vaterland", das Gebiet, in dem meine Heimat liegt. Damit ein Zusammenleben der auf diesem Gebiet lebenden Menschen gelingen kann, gibt es den Staat, die Gesamtheit der Institutionen, die dafür sorgen, dass die Menschen dort in Frieden, Freiheit, Gerechtigkeit und – soweit es geht – Wohlstand leben können. Es würde zu weit führen, hier über die Entstehung und Bedeutung des Staatswesens zu schreiben. Halten wir fest, dass es ein solches gibt. Und wie in jeder anderen Gemeinschaft, muss es auch hier ein „Wir" geben, etwas, das alle ihre Mitglieder verbindet.

Die gemeinsame Grundlage der in Deutschland Lebenden ist zum Beispiel unsere Verfassung, das Grundgesetz. Darin sind die Grundrechte und Pflichten enthalten, die nötig sind, damit ein gutes Zusammenleben möglich ist. In der Präambel, dem feierlichen Vorwort zum Grundgesetz, beziehen sich die Autoren auf ihre Verantwortung vor Gott. Und der erste Artikel des Grundgesetzes lautet: „*Die Würde des Menschen ist unantastbar*". Niemand in Deutschland wird gezwungen, Christ zu sein oder überhaupt einer Religion anzugehören. Aber unser Grundgesetz atmet den Geist des christlichen Menschenbildes: Wir Menschen stehen in der Verantwortung vor Gott, der uns seiner Liebe würdigt. Und weil Gott uns seiner Liebe würdigt, und wir unsere Würde nicht von anderen Menschen haben, deshalb ist sie unantastbar. Sie ist der Autorität anderer Menschen entzogen.

Der Verfassungsrichter Ernst-Wolfgang Böckenförde (1930-2019) sagte einmal: *„Der freiheitliche, säkularisierte Staat lebt von Voraussetzungen, die er selbst nicht garantieren kann."* Das heißt: Die Grundlagen unseres Staates haben wir uns nicht selbst geschaffen, sondern sie sind uns geschenkt – von Gott. Wir sind dazu gerufen, in Verantwortung damit umzugehen. Deshalb ist es wichtig, dass sich gläubige Christen auch in der Gesellschaft, im Staat, in der Politik, in der Demokratie engagieren, damit unsere Verfassung nicht eine leere Hülle bleibt, sondern mit Leben gefüllt wird. Immer wieder wird über die Politiker und andere, die in der Gesellschaft Verantwortung tragen, geschimpft, genörgelt, gelästert und gelacht. Jeder Mensch hat seine eigene Mitverantwortung am Gelingen von Staat und Gesellschaft. Als Christen haben wir hier einen besonderen Auftrag.

4.4. Gerechtigkeit, Versöhnung und Frieden

„*Friede sei mit euch*!" (Joh 20,19) Mit diesem Wort grüßt Jesus nach seiner Auferstehung seine Apostel. Ganz häufig kommt dieser Gruß im Neuen Testament vor. Die Menschen sehnen sich nach Frieden. Wir leben in unserem Land in einer Zeit, in der wir schon lange keinen Krieg mehr erlebt haben. Ich kenne den Krieg nur aus den Erzählungen meiner Eltern. Und diese haben ihn, den 2. Weltkrieg, nur als Kinder erlebt. In anderen Teilen der Welt ist das anders. Friedlosigkeit herrscht an allen Ecken und Enden der Welt, aber nicht nur zwischen den Staaten. Wie viel Unfriede gibt es in Familien, auch in der Kirche und in vielen Gemeinschaften!

In der Zeit als Jesus lebte, herrschte der sogenannte „Römische Friede" (Pax romana). Rom beherrschte die damals bekannte Welt, aber sein Frieden war nur ein äußerer. Es gab wenige Kriege, dafür aber umso mehr Unterdrückung. Die Römer sorgten oft mit brutaler Gewalt dafür, dass Aufstände von unterdrückten Völkern niedergeschlagen wurden. Der Friede, den Jesus Christus meint, ist mehr. Friede ist eine Frucht der Gerechtigkeit. Allgemein bedeutet Gerechtigkeit, dass jedem das ihm zukommende Recht gewährt wird. Dazu gehört die Freiheit, sich für eine Religion zu entscheiden, aber auch die Freiheit zu heiraten und Kindern das Leben zu schenken, einen Beruf auszuüben, zu reisen, öffentlich seine Meinung frei zu äußern u.v.m. Gerechtigkeit bedeutet z. B. auch, dass der Staat nur die Steuern erheben kann, die seine Bürger auch entsprechend ihrer Leistungsfähigkeit zahlen können. Es wäre ungerecht, wenn der Staat seine Bürger ausbeuten würde, um seine eigenen Interessen (Kriege oder ähnliches) finanzieren zu können. Der Staat hat die Aufgabe, die Würde des Menschen zu schützen, nicht sie zu verletzen.

Wo aber liegt die Wurzel allen Unfriedens? Hier kommen wir wieder zur „Urkatastrophe" der Menschheit: der Sünde (vgl. Kapitel 1.3). Der Kern jeder Sünde ist, dass der Mensch nicht Mensch sein will, sondern Gott. Er erhebt sich über andere, missbraucht seine Macht, und so kommt es zu Unterdrückung, Geringschätzung, Übervorteilung, Ausgrenzung, Mobbing und vielem mehr. Wir müssen als Fakt festhalten: Wir Menschen sind versuchbar. Wir neigen auch in kleinen Dingen dazu, uns über andere zu erheben, und die Mächtigen der Welt sind erst recht nicht vor dieser Versuchung gefeit.

Christus bringt eine neue Gerechtigkeit. Grundlage dieser Gerechtigkeit ist, dass jeder Mensch um seiner selbst willen von Gott geliebt ist, und er einen Anspruch darauf hat, so behandelt zu werden, wie er selbst behandelt werden möchte. Im Evangelium finden wir dies in der sogenannten „Goldenen Regel": *„Alles, was ihr wollt, das euch die Menschen tun, das tut auch ihnen!"* (Mt 7,12) Und Christus gibt uns nicht nur diese Goldene Regel, die tatsächlich zu Gerechtigkeit und Frieden führt, er schenkt uns auch die Kraft dazu, die wir selbst nicht haben. Christsein bedeutet ja, in der Freundschaft mit Christus zu leben, die ganze Kraft und Zuwendung dieses Freundes zu erfahren, und aus dieser Kraft heraus anderen so zu begegnen, wie Christus es will.

Nun gehört zu unserem Leben die Erkenntnis – wenn wir uns nichts vormachen: Ich bin nicht immer gerecht. Ich rede nicht immer so über Menschen, wie es sein soll. Wenn es um mich, um mein Wohlergehen, meine Karriere, mein Vorankommen geht, kann ich gut und gerne auch mal die Mitmenschen aus dem Blick verlieren. Nicht umsonst lautet das erste Wort Jesu in der Öffentlichkeit deshalb: „*Kehrt um*!" (Mt 4,17) Um zu Gerechtigkeit zu kommen und damit zum Frieden müssen wir uns immer wieder bekehren, umkehren zu Christus, neu anfangen. Wir müssen um Vergebung bitten – Gott und die Mitmenschen. Wir müssen bereit sein, uns zu versöhnen, eigene Schuld eingestehen, anderen zugestehen, dass auch sie schuldig werden, und ihnen die Möglichkeit geben, ebenfalls neu anzufangen.

Auch das bringt Christus auf den Punkt, als er sagt: „*Denn wenn ihr den Menschen ihre Verfehlungen vergebt, dann wird euer himmlischer Vater auch euch vergeben. Wenn ihr aber den Menschen nicht vergebt, dann wird euch euer Vater eure Verfehlungen auch nicht vergeben.*" (Mt 6,14-15) Wenn alle Menschen an allen Orten immer so leben würden, dann könnte wirklich Frieden unter den Völkern, in den Familien und sonstigen Gemeinschaften gelingen. Hier haben wir als Christen eine besondere Sendung: Versöhnung, Gerechtigkeit und Frieden zu leben. Gott will uns dabei helfen. Dafür ist er in die Welt gekommen. Wir müssen seine Hilfe nur annehmen und uns immer wieder zu ihm hinkehren – jeden Tag, ja mehrfach am Tag. Christsein bedeutet Aufstehen, Anfangen – immer wieder.

4.5. „Geht hinaus in die ganze Welt!“ – Mission

„*Geht hinaus in die ganze Welt und verkündet das Evangelium der ganzen Schöpfung!*“, diesen Auftrag gibt Jesus Christus seinen Jüngern, bevor er zu seinem Vater heimkehrt (Mk 16,15). Die Botschaft, dass der Mensch mit Not und Leid, Tod und Schuld nicht allein ist, sondern Gott kommt, um ihn zu retten, die Botschaft, dass Gott jeden von uns liebt, niemand zufällig auf der Welt ist, und jedes Menschenleben einen Sinn hat, diese Botschaft gehört in die Welt getragen! Christus ist für alle Menschen in die Welt gekommen, nicht nur für ein bestimmtes Volk in einer bestimmten Zone dieser Welt. Und so will er zu allen Menschen gelangen.

Ich denke mir, das könnte doch Christus alleine am besten machen. Er könnte sich doch jedem Menschen offenbaren und das Herz jedes Menschen verwandeln. Aber das tut er nicht. Wenn wir auf die gesamte Geschichte Gottes mit den Menschen schauen, dann zeigt sich immer wieder dasselbe: Gott will durch Menschen in der Welt gegenwärtig, berührbar und wirksam sein. Im Alten Testament hat er sich Propheten wie Mose, Elia, Jesaja und andere ausgesucht, damit diese das Volk an den Bund mit Gott erinnerten. Der Gottessohn ist mit Hilfe eines Menschen, der Gottesmutter Maria, in die Welt gekommen, durch ihr „*Mir geschehe nach deinem Wort*“. Und so will er nun auch nach seiner Heimkehr zum Vater weiterhin in die Welt kommen, und weiterhin will er es durch Menschen.

Jeder Christ, jede Christin hat Teil an dieser Sendung: Geht hinaus in alle Welt! Wenn ich mich frage, woher ich meinen Glauben habe, dann kann ich kaum direkt in den Himmel zeigen, sondern nur auf andere Menschen. Für mich waren es insbesondere meine Eltern, aber auch meine Geschwister und viele andere Menschen, die mir geholfen haben, Christus zu finden, die Freundschaft mit ihm einzugehen.

Halten wir also fest: Christus will zu allen Menschen aller Zeiten kommen, und er will es mit Hilfe von Menschen. Das ist die Sendung der Kirche: die Botschaft Jesu zu bewahren, sie immer besser zu verstehen und sie zu den Menschen zu bringen. Sendung heißt auf Latein „Missio". Der erste Missionar, der sich ganz und gar der Verkündigung des Evangeliums an alle Welt verschrieben hatte, war der Apostel Paulus. Alle zwölf Apostel waren Missionare, doch Paulus brachte das Evangelium als erster zu den nichtjüdischen Völkern, zu den „Heiden".

Immer wieder gab und gibt es Menschen, die sich ganz dieser Art der Mission verschrieben haben und in entlegene Gegenden der Welt gezogen sind. Wir nennen sie Missionare. Und so ist das Evangelium tatsächlich in die ganze Welt gekommen.

So sehr dabei immer sicher viel guter Wille, großer Glaube und Gottvertrauen prägend waren, ist die Geschichte der Mission doch nicht immer gut verlaufen. 1492 entdeckte Kolumbus Amerika. In der Folge zogen die europäischen Mächte nach Amerika, um das Land zu besiedeln und sich zu unterwerfen. Dabei hatten die Herrscher durchaus ein politisches Interesse daran, dass die neuen Völker Christen würden. Wenn alle *einen* Glauben hatten, ließ sich das Volk leichter beherrschen. Und so kam es auch zu Zwangstaufen und Zwangs-Christianisierungen. Das ist natürlich nicht mit dem Christentum vereinbar, denn wie bereits festgestellt, Christentum bedeutet Freundschaft mit Christus, und eine Freundschaft kann man niemals erzwingen. Zudem wurden von den Völkern in den Kolonien die europäischen Mächte und das Christentum gleichgesetzt mit den Unterdrückern und Ausbeutern. Kurzum: Alles in allem keine nur gute Entwicklung! Es wäre unfair zu sagen, dass sich die Missionare immer auf die Seite der Politik geschlagen haben und sich haben benutzen lassen. Aber es kam eben auch immer wieder einmal vor. Der hl. Papst Johannes Paul II. hat im Jahr 2000 Gott um Vergebung gebeten für das Versagen der Glieder der Kirche in der Missionsgeschichte.

„*Geht hinaus in die ganze Welt*", dieser Auftrag Jesu bleibt dennoch. Und trotz der dunklen Punkte in der Missionsgeschichte ist die Botschaft Jesu die beste der Welt und muss zu den Menschen auch in unserer Zeit. Papst Franziskus hat das einmal so formuliert: „*Wenn uns etwas in heilige Sorge versetzen und unser Gewissen beunruhigen soll, dann ist es die Tatsache, dass so viele unserer Brüder und Schwestern ohne die Kraft, das Licht und den Trost der Freundschaft mit Jesus Christus leben.*" *(Evangelii gaudium 49)* Hier sind wir alle gefragt. Alle Christen sind durch die Taufe berufen, Missionare zu sein, Botschafter für Christus durch das eigene Leben, aber auch durch Worte.

Wenn ich von einer Sache begeistert bin, beispielsweise als Fan von einem Fußballverein, dann verschweige ich dies nicht, sondern erzähle darüber, habe vielleicht noch einen Aufkleber auf dem Auto – jedenfalls halte ich damit nicht hinter den Berg. Und als Fan ist das auch richtig so. Aber, wenn ich schon mit Begeisterung von meinem Fußballverein spreche, dann müsste es mir doch eigentlich noch viel leichter fallen, mit Begeisterung über Jesus Christus zu sprechen, dem ich alles zu verdanken habe.

Wir in Deutschland tun uns schwer, über unseren Glauben zu sprechen. Er gehört in die Intimsphäre eines jeden Menschen. Es ist geradezu tabu, Religion zum Thema zu machen. Trotzdem mache ich immer wieder die Erfahrung: Wenn man das Thema anspricht, findet es fast immer Resonanz, Interesse. Es wurde ja bereits festgestellt, dass jeder Mensch in seinem Herzen eine Sehnsucht nach Gott hat, weil er das Bild Gottes in sich trägt. Von Christus zu sprechen, anderen Menschen zu helfen, ihn als ihren Freund zu entdecken, hilft ihnen, ihre Sehnsucht zu erfüllen. Kann ich es verantworten, Menschen in meiner Umgebung dieses Glück vorzuenthalten, wo ich vielleicht der einzige bin, der ihnen von Christus erzählen kann oder will?

Wichtiger noch als Worte sind Taten. Unterscheidet sich mein Leben von denjenigen, die nicht an Christus glauben? Gibt mein Leben Zeugnis von Gott, der die Liebe ist? Ich für meinen Teil muss bekennen, dass ich jeden Tag Grund habe, umzukehren und neu anzufangen.

4.6. Die eine Sendung und die vielen Berufungen

Erinnern wir uns: Schon vor Erschaffung der Welt hat Gott von jedem von uns ein Bild in seinem Herzen – ich spreche sehr menschlich von Gott. Einem jedem hat er mit Beginn seines Lebens eine unsterbliche Seele geschenkt und in diese ein Bild gelegt, ein Abbild von Ihm. Gott selbst, das in jedem Menschen eine andere einmalige Ausprägung hat. Und schon von Ewigkeit her hat Gott für jeden von uns eine bestimmte Idee, eine Aufgabe, die dem Leben einen besonderen Sinn verleiht. Wir nennen das *Berufung*. Das Wort kommt aus der Bibel.

Jesus ruft seine Jünger beim Namen und fordert sie auf, ihm zu folgen. Und es sind ganz unterschiedliche Menschen mit unterschiedlichen Charakteren. Da war ein Apostel Petrus, der gerne vorangegangen ist und auch das Zeug dazu hatte, aber im entscheidenden Augenblick schon mal den Mut verlor. Da gab es einen Apostel Thomas, der dazu neigte zu zweifeln, und alles zu hinterfragen und sich am Ende doch fest und treu zu Jesus bekannte. Da gab es eine Maria Magdalena, die ein ziemlich übles Leben geführt, sich aber dann zu Jesus bekehrt hatte und die erste Zeugin der Auferstehung wurde. Von Maria, der Mutter Jesu, haben wir bereits gesprochen. Wir könnten die Liste fortsetzen.

Gott ruft immer wieder Menschen zu sich, und entsprechend ihren Fähigkeiten gibt er ihnen bestimmte Aufgaben. Aber die werden nicht zwangsweise verteilt, es geht nicht um Sklavendienst. Am Abend vor seinem Leiden sagte Jesus zu seinen Jüngern: *„Ich nenne euch* *nicht mehr Knechte; denn der Knecht weiß nicht, was sein Herr tut. Vielmehr habe ich euch Freunde genannt*" (Joh 15,15) Wir sind herausgefordert, den Ruf, den Jesus an dich und mich gerichtet hat, zu entdecken und anzunehmen.

„Berufung": Früher sprach man eigentlich nur davon, wenn es um Priester oder Ordensleute ging. Aber es gibt nicht nur diese Berufung. Wie bereits angedeutet: Jeder Mensch hat seine eigene Berufung. Da gibt es welche, die haben das Zeug dazu, große Forscher und Nobelpreisträger zu werden. Wie wichtig sind solche Leute für den Fortschritt der Menschheit! Da gibt es Menschen, die sind vielleicht handwerklich begabt, und jedes Studium wäre ihnen zuwider: Wie gut, dass es solche Menschen gibt, die handfest zupacken können und die alltäglichen Probleme des Lebens auf diese Weise meistern! Da gibt es Leute, die können gut reden oder eine ganze Gesellschaft zum Lachen bringen. Gut, dass es sie gibt! Aber wäre es nicht schrecklich, wenn alle so wären? Das würde einen unerträglichen Lärm machen. Da gibt es andere, die eher schüchtern sind und ruhig, aber vielleicht besonders gut zuhören können, besonders einfühlsam sein können. Welch ein Segen, dass es sie gibt! Für jeden Charakter hat Gott eine eigene Idee, einen eigenen Plan. Und es gibt niemanden, der nichts kann. Jeder kann etwas. (Zum Thema Berufung siehe auch 2.8 Gottesfreundschaft – Lebensweg und -berufung)

„*Es gibt so viele Wege zu Gott wie es Menschen gibt.*", sagte einmal Papst Benedikt XVI. Ja, Gott hat für jeden seinen eigenen Weg ausgedacht. Und er lässt uns auf diesem Weg nicht allein, sondern hilft uns, den gewählten Weg – oder besser die angenommene Berufung – zu leben. Es ist gut, dass es so viele unterschiedliche Berufungen und Wege gibt, die alle zusammenhängen und einander ergänzen.

Der Apostel Paulus spricht von der Kirche als vom Leib Christi: Christus, das Haupt, und wir alle seine Glieder. Ich finde das Bild sehr treffend. In unserem Körper wirken die vielen unterschiedlichen Glieder zusammen und sind aufeinander angewiesen. Wenn du dir den kleinen Zeh verstauchst, kann dir das so weh tun, dass du ziemlich lahmgelegt bist. Und dabei ist der kleine Zeh wohl kaum das zentrale Organ eines Körpers. Die Kirche als Leib Christi ist ein Organismus, weniger eine Organisation. Wir gehören alle zusammen. Als Bischof und Priester habe ich eine besondere Sendung, aber sie steht im Dienst der Gläubigen, und ich bin wiederum auf diese Menschen angewiesen, damit ich mein Pries-ter- und Bischofsein ausüben kann. Und ich stelle immer wieder fest: Ob ich die Sakramente spende, das Evangelium verkünde oder Menschen begleite, immer erhalte ich viel mehr zurück als ich geben kann. Gott gibt immer mehr, als er von uns verlangt. Er lässt sich an Großzügigkeit nicht übertreffen. Und so sorgt er dafür, dass die vielen Berufungen die eine Sendung – Christus zu den Menschen zu bringen – lebendig halten.

4.7. Die universale Weltkirche und die Spaltung der Christenheit

Nun müssen wir zu einem Thema kommen, das für die Christen sehr schmerzlich ist. Christus hat uns – wie gesagt – in die Welt gesandt, um seine Botschaft zu verkünden. Dazu hat er die Kirche gegründet, ihr Gaben des Heiligen Geistes zugesagt, Ämter und Dienste verteilt, damit die Kirche geeint die Botschaft zu allen Menschen bringen kann. Doch von Beginn an gab es Spannungen und Spaltungen in der Kirche. Im Neuen Testament haben wir die Briefe des Apostels Paulus an verschiedene Gemeinden, und sie wurden eigentlich alle geschrieben, um Probleme aufzudecken, zur Einheit zu mahnen und Wahrheit von Irrtum zu unterscheiden.

In den ersten Jahrhunderten hat man zum Beispiel sehr darum gerungen zu verstehen, wer Jesus Christus ist. Die Heilige Schrift und das Zeugnis Jesu sind eindeutig. Er ist Gottes Sohn, gottgleich und doch auch ganz Mensch. Nun gab es z. B. besonders im 4. Jahrhundert philosophische Strömungen, die sagten: Das kann doch nicht sein. Gott ist unendlich, der Mensch ist endlich. Gott ist reiner Geist, der Mensch ist Leib. Und so folgerten sie: Jesus war gar nicht gottgleich, sondern nur gottähnlich. Die Nachfolger der Apostel mit dem Nachfolger Petri, dem Papst, an der Spitze kämpften für Jesus Christus, so wie ihn uns die Heilige Schrift geschenkt hat und wie er sich uns selbst offenbart hat. So kam es zur Spaltung. Ja sogar der größte Teil der damaligen Christenheit hat sich abgespalten. Die Abspaltung wurde vom römischen Kaiser aus politischen Gründen unterstützt. Prominent wurde diese Meinung vertreten von einem gewissen Arius. Seine Anhänger nennt man Arianer. Auch wenn es heute die Arianer nicht mehr gibt, die Frage „Wer ist Jesus Christus?“ bleibt aktuell. War er nur ein Mensch, dann kann er für mich heute kaum maßgeblich sein und die ganze Lehre des Christentums ist hinfällig. Denken nicht auch heute viele, Jesus sei nur ein besonders guter Mensch gewesen?

Es blieb nicht bei dieser Spaltung im 4. Jahrhundert, es gab vorher welche und nachher. Das ist ein trauriges Kapitel der Christenheit. Für uns hier in Deutschland ist die Spaltung im 16. Jahrhundert von besonderer Bedeutung. Die Kirche war in keinem guten Zustand. Viele Priester und Bischöfe kümmerten sich mehr um weltliche Dinge als die Verkündigung des Glaubens, und ihr Leben war nicht sehr vorbildlich. Martin Luther (1483-1546), ein Augustinermönch, wollte eine Erneuerung des Glaubens und des kirchlichen Lebens. Es würde zu weit führen, hier die Geschichte der „Reformation“, wie wir sie nennen, zu schildern (Kurz und informativ zu diesem Thema ist sehr empfehlenswert: Walter Kasper, Martin Luther. Eine ökumenische Perspektive). Die Reformation blieb jedenfalls nicht bei Reformen des Lebenswandels, sondern weitete sich auf die Lehre der Kirche aus. Am Ende stand eine Spaltung der Kirche. Die daraus erwachsenen Gruppierungen und Gemeinschaften bezeichnen wir heute insgesamt als „Evangelische Kirche“.

Die Trennung der Christenheit ist ein großer Schmerz. Eine solche Spaltung geschieht nie, ohne dass Menschen Schuld auf sich geladen haben. Wie das damals vor gut 500 Jahren im Einzelnen war, können wir sicher nur schwer beurteilen. Die Experten ringen darum, Wege zurück zur Einheit zu finden.

Wichtig ist es, dass – trotz aller Unterschiede – wir das, was wir gemeinsam tun können, als Christen aller Konfessionen auch tun: Christus als den Sohn Gottes bekennen, ihn verkünden als den großen Freund unseres Lebens und die Gebote als Richtschnur unseres Handelns anzunehmen. Wenn wir all das gemeinsam vorleben und uns dabei in den Unterschieden respektieren, dann können wir dennoch ein gutes Zeugnis für Christus geben.

Allerdings sind die Unterschiede, die existieren, keine Lappalien oder zweitrangig. Nehmen wir als Beispiel den Unterschied in der Frage der hl. Eucharistie. Als katholische Christen glauben wir, dass wir in der hl. Kommunion Jesus Christus selbst, wirklich und wahrhaftig empfangen, dass das Brot und der Wein in den Leib und das Blut Christi verwandelt worden sind. Durch die Worte des Priesters werden Brot und Wein tatsächlich unabhängig vom Glauben des Empfängers in Leib und Blut Christi bleibend verwandelt. Deshalb können wir auch die hl. Hostie, den Leib des Herrn, anbeten. Diesen Glauben können evangelische Christen so nicht teilen.

Es wäre schön, wenn wir wieder zu einer Glaubensgemeinschaft zusammenkommen könnten. Aber das kann nur ehrlich und echt sein, wenn wir wirklich den Glauben ganz und gar teilen und nicht die Unterschiede einfach übergehen. Das wäre keine echte Einheit. Und Jesus wollte echte Einheit.

Am Abend vor seinem Leiden betete Jesus zu seinem Vater im Himmel: „*Und ich habe ihnen die Herrlichkeit gegeben, die du mir gegeben hast, damit sie eins sind, wie wir eins sind, ich in ihnen und du in mir.*" (Joh 17,22) Es geht also um Einheit in Wahrheit und Liebe. Die Bemühungen, zu einer Kirchengemeinschaft zurückzufinden, nennen wir „Ökumene". Das Gebet Jesu am Abend vor seinem Leiden ist für uns ein bleibender Auftrag, um die Einheit aller zu ringen.

4.8. Petrus, der „Einheitsfels“

Wieso hat Gott sein großes Projekt, die Menschen zu retten, Sünde in Vergebung und Liebe, Tod in Leben und Hass in Freundschaft zu verwandeln, uns schwachen Menschen in die Hand gelegt? Schon die Apostel, die er in seine besondere Nähe gerufen hat, haben sich untereinander immer wieder gestritten. Und trotz aller Gnade und allem Beistand, bleiben wir Sünder, anfällig für das Böse, und neigen wir dazu, uns selbst zu sehr in den Mittelpunkt zu stellen. Trotz allem traut Jesus uns eine Menge zu. Und er gibt unterschiedlichen Menschen unterschiedliche Gnaden, unterschiedliche Zuwendungen, die helfen, dass jeder einzelne seiner Berufung folgen kann.

Schauen wir zum Beispiel auf den Apostel Petrus. Eigentlich hieß er Simon und war der Bruder von Andreas. Er war Fischer am See Genezareth, und Jesus rief ihn zu sich. Er tritt immer als der Wortführer auf. Vielleicht hatte er die natürliche Begabung, ein „Anführer“ zu sein. Mir persönlich ist Petrus besonders sympathisch. Er ist impulsiv, liebt Jesus und glaubt an ihn. Aber er bekommt es schon mal mit der Angst zu tun und ist dann unzuverlässig. Die Evangelien schildern uns schonungslos seine Schwächen. Folgende Begebenheit ist typisch für Petrus: Jesus kam einmal nachts über den See Genezareth (ein Wunder, das wir nicht begreifen können). Die Apostel mit Petrus waren in einem Boot. Jesus sprach sie an: „*Fürchtet euch nicht*“, und nun tritt Petrus, der Wortführer, hervor: „*Herr, wenn du es bist, so befiehl, dass ich auf dem Wasser zu dir komme!*“ *Jesus sagte:* „*Komm*!“ (Mt 14,28) Wundersamerweise geht auch er über das Wasser. Er hat einen starken Glauben! Doch dann werden ihm Wind und Wellen und die absurde Situation bewusst, und er beginnt zu sinken. Aber auch in dieser Situation tut er das Richtige. „*Herr rette mich*“ (Mt 14,30), so ruft er. Und Jesus rettet ihn. Wir sehen hier also einen Menschen, der bereit ist voranzugehen, der ein wenig mehr Mut hat als andere und dazu eine gehörige Portion Glauben. Aber er bleibt auch ein schwacher Mensch, den dieser Glaube gelegentlich verlässt.

Jesus wählt diesen Petrus aus, nicht nur der Sprecher der Apostel zu sein, sondern das Fundament seiner Kirche. Wörtlich sagt er: „*Du bist Petrus und auf diesen Felsen werde ich meine Kirche bauen und die Pforten der Unterwelt werden sie nicht überwältigen. Ich werde dir die Schlüssel des Himmelreichs geben; was du auf Erden binden wirst, das wird im Himmel gebunden sein, und was du auf Erden lösen wirst, das wird im Himmel gelöst sein.*“ (Mt 16,18-19) Dieser Petrus, der in der Nacht, als Jesus verraten wurde, auch geleugnet hat, ihn überhaupt zu kennen, ihm hat Jesus nicht nur den Auftrag gegeben, „Felsenmann“ der Kirche zu sein, sondern ihm dazu auch die nötige Gnade gegeben. So konnte derselbe Petrus wenige Wochen später auf den Straßen von Jerusalem mutig und froh Jesus als den Auferstandenen verkünden, und später ließ er sich sogar für Ihn kreuzigen.

Das Amt des Petrus lebt weiter im Bischof von Rom, im Papst. Und die Nachfolger der Apostel, die Bischöfe, handeln nur richtig und gut, wenn sie unter seiner Leitung mit ihm verbunden sind. Der Papst in Rom hat eine besondere Autorität, nicht, weil die Kirche ein altes, verknöchertes System ist und einfach nicht demokratisch werden will. Wir glauben, dass dem Papst die gleiche Zusage gilt, die Jesus dem Petrus, dem ersten Papst, gegeben hat: „*Was du auf Erden binden wirst, das wird im Himmel gebunden sein, und was du auf Erden lösen wirst, das wird im Himmel gelöst sein.*" (Mt 16,19)

Der Petrusdienst bedeutet nicht, Herrscher der Kirche zu sein, sondern Diener der Einheit, und dafür zu sorgen, dass die Kirche wirklich das verkündet, was ihr Auftrag ist. Ein Titel des Papstes lautet „Servus Servorum Dei – Diener der Diener Gottes". Wir glauben, dass durch die Kraft des Heiligen Geistes und durch den Dienst des Papstes die Kirche davor bewahrt wird, in ihrer Lehrverkündigung zu irren – nicht, weil wir in der Kirche so tolle Typen sind, sondern, weil Gott sich an schwache Menschen bindet, denen er aber die nötige Kraft gibt, das zu tun, was ihr Auftrag ist.

Wenn wir in die Geschichte der Päpste schauen, dann gab es dort viele Heilige, also solche, die ganz und gar nach dem Willen des Evangeliums gelebt haben. Aber es gab auch welche, die anders gelebt haben. Manchmal haben sie mehr Politik gemacht, als wirklich den Petrusdienst ausgeübt. So gab es auch immer wieder schwere Krisen des Papsttums. Und doch, der Petrusdienst hat bis heute dazu geführt, dass die Kirche trotz aller Abspaltungen nicht zerfallen ist, sondern eine weltumspannende Einheit geblieben ist. Mich berührt es zum Beispiel immer wieder bei einem Weltjugendtag, Jugendliche aus hundert und mehr Nationen zu sehen. In Sprache, Kultur und Lebensweise sind sie unterschiedlich, wenn wir aber gemeinsam mit dem Papst die hl. Messe feiern, dann sind wir über alle Grenzen hinweg verbunden.

Ohne diesen Einheitsfels Petrus würde die Kirche zerfallen. Ich bin sehr dankbar dafür, dass Christus den Petrus erwählt und dafür gesorgt hat, dass sein Amt in der Kirche weiterlebt bis er wiederkommt. Freilich, hier ist mein Glaube gefordert. Es gibt gute Argumente dafür, dass das Papstamt auf Christus zurückgeht und Er diesem Amt die nötigen Gaben des Heiligen Geistes versprochen und zugesagt hat. Aber ich komme nicht darum herum, mich zu entscheiden, zu glauben oder nicht zu glauben. Ich kann für mich persönlich nur bezeugen, dass ich sehr dankbar bin für diesen Glauben, zu dem ich mit ganzem Herzen Ja sage. Für mich der größte „Beweis", dass das wahr ist: Wenn sie nicht von Gott und Jesus Christus käme, wäre die Kirche schon längst in sich zerfallen. Aber sie lebt! Und sie lebt weiter durch Christus. Das ist mein Glaube und meine Überzeugung.

4.9. Der Reichtum der Kulturen

„*Geht hinaus in die ganze Welt und verkündet das Evangelium der ganzen Schöpfung!*" (Mk 16,15) In diesem Auftrag Jesu wird etwas deutlich, das für uns wie selbstverständlich klingt. Nämlich: Christus ist nicht nur zu einem Volk gekommen, zu einer Kultur, zu einer Sprache, sondern zu allen Menschen aller Nationen. Seine Botschaft ist universal. Durch meine bisherigen Tätigkeiten hatte ich mehrfach Gelegenheit, die Kirche in anderen Ländern zu besuchen. So war ich in Indien, Indonesien, Japan, China, Australien, in verschiedenen Ländern Afrikas, in Südamerika, aber auch in vielen Ländern des europäischen Kulturraums von Portugal bis nach Russland. So fremd die Kulturen waren, wir hatten doch immer eine Brücke zueinander in dem gemeinsamen Glauben an Jesus Christus, den Retter aller Menschen.

Es gibt die Meinung, das Christentum verfremde die unterschiedlichen Kulturen. Diese Meinung wird häufig aus der Geschichte der Mission abgeleitet (vgl. Kapitel 4.5). Europäische Kolonialmächte kamen in aller Herren Länder, um sich die Menschen dort gefügig zu machen und nicht selten auch auszubeuten. Es wurde manchmal auch einiges für die Entwicklung dieser Menschen getan, gerade was Bildung und Medizin angeht, doch nicht selten wollte man ihnen die europäische Kultur aufzwingen, auch durch Missionierung zum Christentum. So ist das Missverständnis entstanden, das Christentum sei eigentlich nur ein Teil der europäischen Kultur. Wie die europäische Kultur beispielsweise eine afrikanische Kultur verfremde, so tue dies eben auch das Christentum. Leider hat die Kirche oft nicht genügend getan, um sich von den Kolonialmächten und ihrer Politik abzugrenzen und damit diesem Missverständnis entgegenzutreten. Jedoch sollten wir vorsichtig sein, Geschichtliches allein mit unseren heutigen Augen und heutigem Wissen zu sehen und zu beurteilen.

Die Botschaft Jesu Christi und des Christentums will jedenfalls nicht Verfremdung der Kulturen. Sie will das in allen Menschen vorhandene Bild Gottes freilegen und den Menschen aller Kulturen eine Brücke bauen, dass sie Christus als den Retter ihres Lebens annehmen können. Was dies positiv bedeuten kann, habe ich beispielsweise in Nigeria erlebt. Wir feierten die hl. Messe. Die Gesänge waren typisch afrikanisch mit Schwung, Rhythmus und Harmonie versehen; zu den Gesängen gehörte auch der Tanz. Ich gebe zu, dass mir das vor dem Hintergrund meiner heimatlichen Kultur zunächst fremd war, aber es hat mich sehr berührt. In dieser afrikanischen Kultur haben die Menschen innerhalb der gemeinsamen Liturgie auf ihre Art und Weise in einer Andacht, Freude und Ehrfurcht Gott geehrt, die ich mir bei mir selbst und in unserer Kultur überhaupt wünschen würde. Von jeder der zuvor geschilderten Reisen bin ich sehr bereichert zurückgekommen. Welch einen Reichtum bieten doch die vielen Kulturen! Was können wir nicht alles lernen! Natürlich bleiben wir Europäer und Deutsche mit unserer eigenen reichen Kultur. Auch von uns können sicherlich andere etwas lernen. Doch halte ich es für wichtig, dass wir nicht mit europäischer Arroganz auf die anderen Kontinente schauen und meinen, sie müssten alle unsere Kultur übernehmen.

Es wäre nicht redlich, wenn ich nicht auch auf Probleme hinweisen würde. So ist mit manchen Kulturen eine Religiosität verbunden, die mit der Botschaft Christi nicht vereinbar ist. Es gibt viele Formen von Naturreligionen, die angstbesetzt sind. Unwetter, Naturkatastrophen, Vulkanausbrüche oder ähnliches werden als Zorn der Götter gedeutet. Das Christentum will von dieser Angst befreien. Naturerscheinungen sind nicht Götter, sondern wir glauben eben an den einen dreifaltigen Gott, der seinen Sohn als Retter in die Welt gesandt hat. Wenn wir ihm dienen und ihm verbunden sind, gewinnen wir Freiheit von der Angst vor Naturerscheinungen, denen göttliche Kraft zugesprochen wird. Hier wird deutlich: Nicht alle Elemente einer Kultur lassen sich in das Christentum integrieren. Und Menschen, die zu Christus gefunden haben, nehmen Abschied von diesen Elementen.

Das war in unserem Land übrigens ganz ähnlich. Der hl. Bonifatius (672-754), der auch Apostel der Deutschen genannt wird, hat besonders in Norddeutschland das Christentum gepredigt. Es gab damals schon Christen, aber das Christentum war noch nicht wirklich in der Kultur verwurzelt. Der Glaube an die germanischen Götter war weit verbreitet, und es gab auch Mischformen von heidnischer und christlicher Religion. Im heutigen Fritzlar (Hessen) gab es die Donareiche, die der germanischen Gottheit Donar geweiht war und weiterhin verehrt wurde. Berühmt ist die Tat des hl. Bonifatius, der diese Donareiche gefällt hat. Ein symbolischer Akt, der ausdrücken sollte, die germanische Götterwelt lassen wir hinter uns und wenden uns Christus zu.

Ganz allgemein können wir sagen, dass Christwerden immer auch bedeutet, zu Christus umzukehren und mit Gewohnheiten zu brechen. Nicht alles ist mit Christus und seiner Lehre vereinbar. Es geht also darum, den Reichtum der Kulturen zu schätzen und zu würdigen, aber zugleich auch realistisch zu sehen, dass nicht alles darin immer nur gut ist.

4.10. Das Christentum und die anderen Religionen

Wir Menschen sehnen uns nach Frieden und Wohlstand in aller Welt. Dem steht das Faktum entgegen, dass es immer wieder in vielen Teilen der Welt Kriege gibt. Sie sind sogar an der Tagesordnung, nun auch in der Ukraine und damit in Europa. Wenn wir die Schlagzeilen in den Medien lesen, stellen wir fest, dass bei verfeindeten Parteien oft unterschiedliche Religionen im Hintergrund stehen. Allzu schnell kommt es zu dem Kurzschluss: Schuld an den Kriegen sind die unterschiedlichen Religionen! Wenn man jedoch tiefer blickt, wird die Religion oft als Vorwand benutzt, um bestimmte Kriegsziele zu erreichen: die Steigerung von Macht, Einfluss und Wohlstand. Das Thema ist vielschichtig, und zum Zusammenhang Religion und Gewalt gibt es keine leichten, kurzen Antworten. Ich plädiere dafür, erst einmal nicht zu urteilen, sondern sich lieber mit den Hintergründen von Auseinandersetzungen zu befassen, als der platten Parole zu folgen: „Schuld am Krieg sind die Religionen!"

Wie steht das Christentum zu anderen Religionen? Wir glauben, dass Christus zu allen Völkern kommen will, dass das Christentum universal ausgerichtet ist. Ist damit nicht unmittelbar eine Geringschätzung anderer Religionen und noch schlimmer eine Geringschätzung von Menschen, die einer anderen Religion angehören, verbunden? Meine Antwort darauf lautet klar: Nein! Ich möchte versuchen, sie zu begründen.

In der Tat, das Christentum hat den Anspruch, dass die Offenbarung Gottes zu allen Menschen gelangen soll.

Ja, alle Menschen sollen den Schatz der Liebe Christi erfahren dürfen. Deshalb gibt es Mission, deshalb sind wir gehalten, durch Wort und Tat Zeugnis von Jesus Christus zu geben. Aber da es im Christentum um die Freundschaft mit Christus geht, um eine persönliche Beziehung, ist damit von vornherein der Respekt vor der Freiheit der Menschen verbunden. Denn nur in Freiheit kann ich mich für Christus, für die Freundschaft mit ihm entscheiden. Wenn also das Christentum mit Zwang und Gewalt verbreitet wurde, war damit immer – wenn auch die Absichten redlich gewesen sein mögen – ein Irrtum verbunden.

Hier sieht man: An die Wahrheit des Christentums zu glauben und entsprechend zu leben, sind unterschiedliche Dinge. Das geht uns doch auch so, wenn wir uns ernsthaft bemühen, Gott und den Nächsten zu lieben: Wie oft stellen wir fest, dass wir dahinter zurückbleiben, dass wir nicht so handeln, wie Christus es von uns möchte. Und wenn ich nicht so lebe, wie das Evangelium es von mir erwartet, dann verdunkele ich die Strahlkraft des Evangeliums. Manche glauben dann, das Christentum selbst trage die Mängel, die mich als Person prägen, in sich. Also jeder von uns – und ich an erster Stelle – benötigt jeden Tag Umkehr und Neuanfang, um möglichst eng mit Christus zu leben und so ein echter Zeuge für ihn zu sein.

In den 1960er Jahren gab es eine wichtige Kirchenversammlung in Rom: ein Treffen aller Bischöfe mit dem Papst, ein Konzil, das II. Vatikanische Konzil (1962-1965). Es beschäftigte sich unter anderem mit dem Verhältnis des Christentums zu anderen Religionen.

Kurz zusammengefasst lehrt das Konzil dazu Folgendes: Dank der Güte Gottes – und nicht, weil Christen etwa bessere Menschen sind – ist uns von Gott die Fülle der Offenbarung anvertraut. Das heißt, wir wissen mehr über Gott und sein Tun als andere. Das ist ein Geschenk, das uns – wie gesagt – nicht besser macht als andere Menschen. Aber in anderen Religionen gibt es deshalb dennoch viel Wahres und Gutes, was es wertzuschätzen gilt. An erster Stelle ist da das Judentum zu nennen. Der hl. Papst Johannes Paul II. nannte die Juden „unsere älteren Brüder". Es ist das Gottesvolk des Alten Bundes. Gottes auserwähltes Volk wird es genannt. Uns verbindet das „Alte Testament" der Bibel. Christus selbst ist aus dem Judentum hervorgegangen. Zum Judentum haben wir also eine ganz besondere Nähe, denn Christus selbst ist ja Jude gewesen. Mit keiner anderen Religion verbindet uns so viel wie mit dem Judentum.

Den Glauben an einen Gott teilen wir sodann mit dem Islam. Doch unterscheidet sich unser Gottesbild erheblich von dem des Islam. Wir glauben an einen Gott, der Mensch geworden ist und dabei Gott geblieben ist, der sich selbst ganz in diese Welt hineinbegeben hat, ohne in dieser Welt aufzugehen, sondern um diese Welt zu retten. Für einen gläubigen Muslim ist dies ein unerträglicher Gedanke. Allah ist der ganz Jenseitige. Er hat seinen Propheten Mohammed gesandt, aber bleibt selbst ganz jenseitig. Die Vorstellung eines Gottmenschen Jesus Christus ist diesem Glauben fremd. Daraus ergibt sich eine Reihe von Unterschieden im Menschenbild und in der Form der Religiosität. Doch es bleibt dabei, dass uns der Glaube an einen Gott verbindet.

Viel weniger verbindet uns mit den Formen der fernöstlichen Religiosität (Hinduismus, Buddhismus, Schintoismus). Innerhalb dieser Formen gibt es erhebliche Unterschiede. Gemeinsam ist ihnen, dass sie nicht an einen persönlichen Gott glauben, aber wohl an das Göttliche, das in dieser Welt an vielen unterschiedlichen Stellen, z. B. in Naturphänomenen, erscheint. Der uns selbstverständliche Unterschied zwischen Schöpfer und Schöpfung, und dass wir diesen Schöpfer mit „Du“ anreden und er mit uns in eine persönliche Beziehung tritt, ist dieser Religiosität fremd. Es gibt dort Formen der Meditation, die auch viele Christen faszinieren. Dabei geht es um Methoden, die dabei helfen, dass der Mensch ganz in sich ruht, befreit von allen äußeren Einflüssen. Es geht um eine Versenkung in sich selbst. Diese Meditationsformen haben nichts mit christlichem Beten zu tun. Bei letzterem geht es nicht um die Versenkung in sich selbst, sondern um ein Aus-sich-selbst-heraus-treten zu Gott hin. Doch verbindet uns mit fernöstlichen Religiosität die Anerkennung des Göttlichen, dass die Welt nicht eine rein menschliche Größe ist, sondern dass es etwas darüber gibt, was größer ist.

Vor diesem Hintergrund ist eine echt christliche Haltung gegenüber anderen Religionen: Wertschätzung dessen, was an Gutem dort ist bei gleichzeitigem Bekenntnis, dass Christus der alleinige Retter ist, und wir ihm die Fülle der Offenbarung verdanken.

5. Erfüllung

Wir glauben an einen Gott, der allein unsere Sehnsucht nach Leben stillen kann.

Der Tod ist nicht das Ende. Gott wartet mit offenen Armen auf uns, um uns den Himmel zu schenken. Himmel, das ist nicht nur Abwesenheit von Leid, sondern vollendetes Glück: Stellen wir uns einen glücklichen Augenblick in unserem Leben vor, und dieser Augenblick unendlich intensiver und ohne Ende – das ist der Himmel! Diese Hoffnung verleiht unserem Leben ein erstrebenswertes Ziel. Gott ist stärker, selbst als der Tod.

5.1. Lebenshunger – Gotteshunger

Die Menschen sehnen sich nach Gott! Tun sie das? Viele würden das bestreiten: „Ich komme doch ganz gut ohne ihn in meinem Leben zurecht". Und doch, ich bleibe bei der Behauptung: Die Menschen sehnen sich nach Gott, selbst dann, wenn sie es nicht wissen.

So unterschiedlich wir sind, es verbindet uns doch ein gemeinsames Streben. Wir wollen leben! Die Sehnsucht nach Leben ist sehr tief im Menschen verankert, und Leben bedeutet nicht nur irgendwie sein Dasein fristen, sondern die Möglichkeiten, die in uns stecken, auszuschöpfen, etwas aus unserem Leben zu machen, zu wachsen, größer zu werden und vor allen Dingen glücklich zu werden. Nun gibt es eine eigenartige Gesetzlichkeit. Wir Menschen wollen mehr, aber dieses Mehr macht uns nicht satt. Unser wirtschaftliches System baut auf dieser Eigentümlichkeit auf. Zu keinem Augenblick wird der Mensch sagen: „Jetzt habe ich alles, was ich brauche, nichts fehlt mir." Der Konsum, das Erwerben von materiellen Gütern kann mir eine gewisse Freude bereiten, aber doch keine endgültige. Ich suche nach Möglichkeiten, mir Größeres, Schöneres, Besseres zu leisten. Das alles ist in sich nicht schlecht. Unsere Wirtschaft funktioniert, Arbeitsplätze sind gesichert, und das Einkommen auch – zumindest in unserem Land für so viele wie in kaum einem anderen Land. Und doch, meinen Hunger nach Leben kann dies nicht endgültig erfüllen.

Das gilt nicht nur für materielle Dinge. Wir wollen in unserer Lebenszeit möglichst viel erleben. Manchmal wird sogar vom „Freizeitstress“ gesprochen, das heißt, selbst unsere freie Zeit ist so getaktet, dass man in sie möglichst viel an Erlebnissen und Aktivitäten hineinsteckt. Werden wir dadurch glücklicher? Nein, durch Güter und Erlebnisse ist unser Lebenshunger nicht zu stillen.

Schon näher kommen wir der Sache, wenn es um das Thema „Liebe“ geht. Wie schön ist es, einen Menschen zu haben, den man lieben kann und der die eigene Liebe erwidert. Die Sehnsucht nach Geborgenheit, Treue und lebenslanger Liebe, sie ist in das Herz des Menschen hineingeschrieben (vgl. dazu auch 3.7 über die Ehe). Wer die Liebe seines Lebens gefunden hat, für den ist sie wichtiger als alle materiellen Güter und alle großartigen Erlebnisse. Aber ist das schon die Lebensfülle? Geben wir uns damit wirklich zufrieden? Was ist denn, wenn der Ehepartner schwer erkrankt und schließlich stirbt? Bleibt dann nichts als Leere, Trauer und Enttäuschung? Wenn es nur bei dieser Liebe bleibt, und diese mir den Himmel auf Erden zu geben scheint, ist das nicht ein sehr zerbrechlicher Himmel? Einmal ganz abgesehen von der Tatsache, dass eine Ehe nie der Himmel auf Erden ist, weil sie immer eine Verbindung zweier Menschen ist, die durch Schwäche, Hinfälligkeit und am Ende auch das Böse nie die Fülle der Liebe leben können.

Unter dem Strich: Unsere Sehnsucht nach Leben ist größer als das, was wir auf Erden finden. Das muss man ganz nüchtern feststellen! Ist der Mensch dann nicht eine Fehlkonstruktion? Ähnelt sein Leben nicht dem eines Löwen, der eingesperrt ist in einen Käfig und nichts anderes tut, als darin hin- und herzurennen? Was ist dieses Etwas, nach dem die Menschen sich so sehnen und das auf Erden nicht zu finden ist?

Genau das ist Gott! Menschen aller Generationen, Zeiten und Zonen haben diese Sehnsucht nach Gott in ihrem Herzen. Wir tragen eben das Bild Gottes in uns, und das Abbild schreit sozusagen nach seinem Urbild. Der hl. Augustinus (354-430), ein großer Gelehrter der Kirche, wir sagen „Kirchenlehrer" und sogar „Kirchenvater", formulierte es einmal so: *„Zu dir hin, o Gott, hast du uns erschaffen, und unruhig ist unser Herz, bis es ruht in dir."*

Nun tun wir Menschen uns schwer, das zuzugeben. Denn damit müssten wir anerkennen, dass wir nicht selbst unseres Glückes Schmied sind, sondern auf einen anderen, Größeren angewiesen sind. Wir müssten zugestehen, dass wir uns dem ganz Anderen zu verdanken haben. Andererseits hätte dies die heilsame Folge, dass wir von unser Überheblichkeit abließen, zu meinen, wir hätten alles im Griff und könnten alles erreichen. Tun wir nicht manchmal so, als wäre es nur eine Frage der Zeit, wann die Medizin auch die letzten Krankheiten besiegen kann? Keine Frage, Gott anzuerkennen ist nicht zu haben ohne Selbsterkenntnis, Bescheidenheit, Demut und die Bereitschaft zur Dankbarkeit. Dem entgegen steht unser Stolz. Erinnern wir uns noch einmal an die Schöpfungsgeschichte. Der Schlange, dem Satan, ist es gelungen, Adam und Eva zu verführen mit der Verlockung: *„Ihr werdet wie Gott."* (Gen 3,5) Aber alle Versuche, wie Gott zu sein und uns selbst zu genügen, sind zum Scheitern verurteilt und führen von einer

Menschheitskatastrophe zur anderen. Die Botschaft unseres Glaubens dagegen: Kein Stress! Du musst nicht sein wie Gott. Du musst nicht mit Gewalt dein Glück erzwingen! Selbst das schönste Leben auf Erden, das du dir ausdenkst, kann das Leben, zu dem Gott dich berufen hat, nicht toppen, und es ist nichts im Vergleich mit dem Leben, das Gott dir einmal schenken will: das ewige Glück des Himmels.

5.2. Lebensangst – Todesangst

„*Die Lebenserwartung der Menschen hat sich in den letzten Jahrzehnten dramatisch verkürzt.*" Das sagte in einem Vortrag Kurt Kardinal Koch, ein Bischof, der im Vatikan arbeitet. Ich dachte, ich hörte nicht richtig. Und er fügte folgende Erläuterung hinzu: „*Früher wurden die Menschen vielleicht 50 Jahre und eine Ewigkeit, heute werden die Menschen vielleicht 90 Jahre und ein paar Jahre mehr, und dann ist Schluss.*" Für den Menschen, der so lebt, als gäbe es Gott nicht, und schon gar nicht ein ewiges Leben, ist das Leben nichts anderes als das, was mir als Lebensspanne zur Verfügung steht. Wehe, es kommt eine Krankheit, die nicht beherrschbar ist, oder gar der frühe Tod eines lieben Menschen. Wehe, meine Lebensplanung funktioniert nicht so, wie ich sie mir erträumt habe, dann ist meine ganze Lebensperspektive zerstört.

Seit März 2020 beherrscht die öffentliche Debatte, aber auch das eigene Leben ein Thema: Die Corona-Pandemie. Eine Pandemie, die nicht beherrschbar und mysteriös ist. Bei vielen, die diese Krankheit bekommen, verläuft sie harmlos, doch es kommt auch zu Todesfällen. Klar, dass die Verantwortlichen des öffentlichen Lebens reagieren mussten. Der Lockdown führte zu einer Lähmung des öffentlichen Lebens, nicht nur in Deutschland und Europa, sondern fast in der ganzen Welt. Zumindest in damaliger Perspektive und mit dem vorhandenen Wissen waren diese Entscheidungen, wenn auch hart, so doch notwendig. Viele (vielleicht auch wir selbst?) waren nicht nur verunsichert und vorsichtig, manche wurden von Angst und Panik erfasst und waren in ihren Gedanken Gefangene dieser Ängste. Stand da nicht manchmal im Hintergrund auch eine Existenzangst, die in etwa zum Ausdruck bringt: „*Wenn ich krank werde und mir etwas passiert, ist dann alles verloren?*“

Dieses oder andere Ereignisse können und sollten in mir die Frage lebendig machen: Was ist die Perspektive meines Lebens? Endet mein Leben mit meinem Tod? Ich behaupte, dass viele unserer Zeitgenossen sich diese Fragen nicht stellen wollen. Vielleicht haben sie Angst vor einer Antwort, vor den Konsequenzen, die eine solche Antwort haben könnte. Das Thema „Tod“ ist für viele ein Tabuthema. Wer um einen lieben Toten trauert, muss oft die Feststellung machen, dass er recht bald mit der Trauer allein gelassen wird. In der Perspektive irdischen Lebens hat der Tod keinen Platz. Er befindet sich außerhalb des Spielfeldes. Auf ihn zu blicken, lenkt nur vom Spiel des Lebens ab. Ich kann dieses Tabu auch einige Zeit durchhalten, besonders dann, wenn es mir gut geht und ich keine existenziellen Probleme zu bewältigen habe. Aber irgendwann kommt das Thema, ob durch Corona, den Tod der Eltern, eine eigene todbringende Krankheit. Am Ende ist das Thema unausweichlich.

Die Botschaft des Christentums dagegen lautet: „*Fürchte dich nicht!*“ Christus ist uns vorangegangen, um uns einen Platz im Himmel zu bereiten! Er hat den Tod erlitten, um den Tod zu besiegen. Das irdische Leben ist nicht alles. Es ist so etwas wie ein Vorspann zur Ewigkeit. „*Was kein Auge gesehen und kein Ohr gehört hat, was in keines Menschen Herz gedrungen ist, was Gott denen bereitet hat, die ihn lieben.*“ (1 Kor 2,9) Um es mit einem Vergleich deutlich zu machen: Wenn ich eine Urlaubsreise plane, dann packe ich meine Koffer, bereite alles vor und begebe mich beispielsweise zum Flughafen, um die Reise zum Urlaubsziel anzutreten. Oft funktioniert nicht alles. Lange muss man warten, viele Menschen, Gedränge, Verspätungen, Umbuchungen. Das mag bisweilen nerven, und es kann auch sein, dass die Nerven blank liegen. Doch ich bin bereit, dies alles zu ertragen, weil ich mich auf das Urlaubsziel freue. Und vor allem: Vom Flughafen erwarte ich mir ohnehin nicht die Erholung, die ich mir von meinem Urlaubsziel erhoffe.

Die Perspektive des Evangeliums ist die Ewigkeit und zwar in der Glückseligkeit bei Gott. Wenn ich diese Perspektive klar im Blick habe, dann kann ich auch leichter allen Stress, alle Schwierigkeiten und Herausforderungen dieses Lebens ertragen. Dann ist dieses Leben im Vergleich zur Glückseligkeit so etwas wie die Wartezeit auf dem Flughafen in der Vorfreude auf das Urlaubsziel.

Achtung! Damit werte ich dieses Leben hier nicht ab. Jeder Vergleich hinkt, und der Vergleich mit dem Flughafen hinkt, da dieser bestenfalls ein notwendiges Übel ist. Und dieses Leben ist mehr als ein notwendiges Übel. Schon in diesem Leben will Gott uns zur Freude und Erfüllung führen. Er will uns seine Geborgenheit und Liebe schenken. Unser Leben ist ein großes Geschenk Gottes. Aber dieses Geschenk werden wir erst so richtig erleben und entfalten, wenn wir es in der Perspektive der Ewigkeit leben. Mein Vorschlag: Weg mit dem Tabu „Tod“! Setzen wir uns damit auseinander, lassen wir die Hoffnung auf die Ewigkeit in uns lebendig sein. Das nimmt unserer irdischen Lebensfreude nichts, sondern verleiht ihr eine größere Tiefe.

5.3. Und wie ist so der Himmel?

Bei einer Begegnung mit jungen Leuten fragte mich ein etwa 16jähriger: „Glauben Sie an ein Leben nach dem Tod?“ Diese Frage wird mir übrigens regelmäßig von jungen Leuten gestellt. Sie sind offensichtlich eher bereit, sich dieser Frage zu stellen als Ältere. Meine Antwort auf die Frage war jedenfalls: „Klar, dafür stehe ich, denn die zentrale Botschaft Jesu ist die von einem Leben nach dem Tod.“ Der Junge hakte nach: „Und wie ist so der Himmel?“ Ich gebe zu, dass ich in diesem Augenblick von der Frage ein wenig überrumpelt war. Aber die Antwort, die ich ihm gab, würde ich auch heute noch geben, und gebe ich mir immer wieder selbst, wenn ich mir diese Frage stelle: *„Stell dir einmal einen glücklichen Augenblick in deinem Leben vor; irgendeinen Moment, der so schön war, dass er sich unvergesslich in dein Gedächtnis eingeprägt hat.“* Der Junge konnte sich einer solchen Situation erinnern. *„Der Himmel bedeutet: Dieser glückliche Augenblick tausendmal intensiver und ohne Ende.“* Die spontane Reaktion des Jungen: *„Das ist ja voll krass!“* Ja, er hatte recht, das ist wirklich „voll krass“. Himmel ist viel mehr als Abwesenheit von Leid, Angst, Not, Friedlosigkeit, Lieblosigkeit und all dem, was uns bedrückt. Er ist Lebensfülle.

Wie der Himmel so ist, diese Frage hat in mir – um es persönlich zu sagen – seit dem Tod meiner Eltern eine neue Bedeutung gewonnen. Ihr Tod liegt noch nicht so weit zurück, und meine Familie war ebenso traurig wie ich, als es soweit war. Unsere Eltern haben ein gesegnetes Alter erreicht. Von außen betrachtet war alles gut. Und doch, die Eltern zu verlieren, tut einfach weh. Der Gedanke, nie mehr mit ihnen sprechen und zusammen sein zu können, kann einem das Herz zuschnüren. Wirklichen Trost hat mir der Glaube an den Himmel gegeben, und dieser Trost bleibt bis heute. Denn Himmel bedeutet, dass wir als Personen bei Gott weiterleben, dass wir uns nicht irgendwie in einem Kreislauf des Lebens auflösen, sondern dass wir wirklich weiterleben in einer ganz anderen Art und Weise, wie ich sie eben zu umschreiben versucht habe. Das heißt: Der Abschied von meinen Eltern war eben ein Abschied auf Zeit. Als meine Mutter starb, stand am Tag ihrer Beerdigung mein Vater vor ihrem Foto und sagte: „Ich werde sie wiedersehen, und darauf freue ich mich schon jetzt!“ Das war ihm ganz ernst. In dieser Vorfreude lebte er bis zu seinem Tod. Und er ist mir, der ich damals schon Priester und Bischof war, ein ganz großer Glaubenszeuge geworden, der mir geholfen hat, wirklich an den Himmel zu glauben, und zwar so, dass ich mich auf ihn freuen kann.

Wieso freuen wir uns im Alltag nicht so sehr auf den Himmel? Ich befürchte, hier fehlt uns einfach die Fantasie, uns den Himmel vorzustellen. In früheren Jahrhunderten lebten die Menschen viel ärmer als heute mit viel weniger Annehmlichkeiten und größeren Einschränkungen, die wir uns heute kaum vorstellen können. Da konnte es schon eine Himmelsvorstellung sein, einmal in einem warmen und weichen Bett zu schlafen, und jeden Tag wohlschmeckende und sättigende Mahlzeiten gereicht zu bekommen. Nun, diese Annehmlichkeiten sind für ganz viele heute alltäglich, und oft danken wir Gott nicht einmal dafür. Geht es uns vielleicht so gut, dass wir uns damit zufriedengeben und unsere

Sehnsucht nach Mehr mit Placebos stillen? Wir versuchen unseren Lebenshunger mit Irdischem zu stillen (vgl. 5.1), betäuben damit ein wenig unsere Sinne und – fataler Weise – auch unsere Sehnsucht nach dem Himmel.

Interessant: Wir sind erfinderischer und kreativer in den Vorstellungen über die Hölle. Es ist erschreckend zu sehen, wie in allen Jahrhunderten die Menschen Fantasien entwickelten, wie man Menschen quälen kann.

Mein Vorschlag: Versuchen wir, uns den Himmel lebendig vorzustellen. Das weckt die Freude. Um noch einmal das Beispiel vom Urlaub heranzuziehen: Wenn ich mir Prospekte von wunderbaren Zielen anschaue, dann beginne ich manchmal zu träumen, und die Vorfreude auf das Urlaubsziel wächst. Das Thema „Tod und Himmel" mit ins Gebet zu nehmen ist ein guter Weg. Denn Beten ist ja Sprechen mit Gott. Und mit Gott über das Ziel des eigenen Lebens zu sprechen, und was das für mich in der Gegenwart bedeutet, ist mehr, als im Reisebüro eine Urlaubsreise zu planen.

Das bedeutet nicht, den Herausforderungen und Sorgen der Gegenwart zu entfliehen, sondern alles ins rechte Maß zu bringen. Der Tod ist dann nicht mehr die alles überschattende Katastrophe schlechthin. Der Tod ist schlimm. Aber der Himmel ist eine Perspektive, die aus der absoluten Katastrophe Tod eine relative macht, eine Hürde, die überwindbar ist. Ja, am Ende vermag ich dann sogar den Tod als Tür zu sehen, die sich öffnet. Die Heiligen, die wir verehren, sind Menschen, die so gelebt haben. Und es waren durchweg frohe Menschen, auch in Situationen von großem Leid, großer Verfolgung und Not. Einer unserer Lehrer im Priesterseminar sagte einmal: „*Heilige sind Protestleute gegen den Tod.*“ Es lohnt sich, auch auf ihr Vorbild zu schauen. (Hast du einen Heiligen als Namenspatron? Wie war denn sein Leben und Sterben?).

5.4. Gott schafft Gerechtigkeit – endgültig!

Sehr beeindruckt hat mich eine Begegnung in einem Wohnheim für Mädchen zwischen 14 und 18 Jahren. Die Bewohner hatten alle viel Leid und Verletzungen erlitten. Einige von ihnen baten mich um ein Gespräch. Es war eines der tiefsten und für mich überraschendsten Gespräche, die ich je geführt habe. Die Eingangsfrage lautete in etwa: „*Kommen eigentlich alle in den Himmel*?" Diese Frage überraschte mich insofern, als normalerweise immer das Gegenteil gefragt wird: „*Kann eigentlich Gott in seiner Liebe jemanden vom Himmel ausschließen*?" Der Hintergrund der Frage wurde mir schnell klar: „*Wie kann jemand in den Himmel kommen und mit mir dort zusammenleben, der mir so viel Böses angetan hat*?" Schon diese Frage zeigt die Tiefe der Wunden, von denen die Mädchen gezeichnet waren. Hinter der Frage verbarg sich das Problem, ob Gott nur gütig oder auch gerecht ist. Gibt es nach dem Tod eine Art Generalamnestie, so dass das Leben irgendwie wieder auf „Reset" gedrückt und auf „Betriebseinstellung" zurückgestellt wird? Steigen wir tiefer in die Fragestellung ein.

Was wäre, wenn es kein Weiterleben nach dem Tod gäbe, wenn mit dem Tod einfach Schluss wäre? Wäre dann nicht Gerechtigkeit eine Art Fata Morgana, eine Illusion und nicht erreichbar? Denken wir an die vielen Opfer von Gewalt, die in diesem Leben alles andere als Glück gefunden haben. Gerechtigkeit haben sie in dieser Welt jedenfalls nicht gefunden. Und umgekehrt, denken wir an die Gewalttäter, die Verbrecher, die großen und die kleinen, die in diesem Leben ohne Strafe davongekommen sind. Zur Gerechtigkeit gehört auf jeden Fall, dass man für seine Taten zur Verantwortung gezogen wird – im Guten wie im Schlechten. Wenn aber diese Verantwortung keine Konsequenzen hat, hat man dann überhaupt noch Verantwortung?

Die Frage nach der Gerechtigkeit Gottes stellt sich auch, wenn es nicht um Gewalt und Verbrechen geht. Ein guter Freund erkrankte im Alter von 19 Jahren an Multipler Sklerose. Kurz vor seinem 50. Geburtstag starb er, nachdem er zuvor über zehn Jahre ans Bett gefesselt gewesen war und auch davor jahrzehntelang nur mit größten Einschränkungen hatte leben können. Ich bin davon überzeugt, dass er einen tiefen Glauben hatte. Er behielt sich bis zum Schluss seinen Humor und konnte immer wieder über gemeinsame Erlebnisse der Vergangenheit lachen. In der letzten Phase seines Lebens war er körperlich nicht mehr in der Lage zu lachen. Und auch da noch drückte er immer wieder Freude durch ein Lächeln aus. Ich fragte ihn sogar einmal, ob er nicht dieses Lebens überdrüssig sei. Heftig verneinte er. Vielleicht hatte er eine viel klarere und intensivere Vorstellung vom Himmel, als wir es gemeinhin haben. Die Botschaft vom Himmel, von der Lebensfülle bei Gott brachte ihm in diesem Leben trotz aller widrigen Umstände eine Freude, die sonst unerklärlich ist. Und ich bin davon überzeugt, dass er im Himmelreich entlohnt wird und eine Ewigkeit ohne Krankheit in der eben geschilderten Freude ohne Ende vor sich hat. Das ist wohlgemerkt keine Erklärung, wieso mein guter Freund diese Krankheit erleiden musste und ich beispielsweise nicht. Aber im Horizont des ewigen Lebens war auch sein Dasein eben nicht sinnlos und kommt jetzt im Himmel erst zu seinem vollen Sinn. Es gibt kein sinnloses Dasein!

Was das Thema Gewalt und Opfer angeht, so glauben wir, dass es eine himmlische Gerechtigkeit gibt. Nach dem Tod werden wir vor Gottes Angesicht zur Rechenschaft gezogen. Gott will unser Bestes, er nimmt keine Rache, sondern wir müssen uns für unsere Taten verantworten. Und gemäß dem, was uns in der Heiligen Schrift überliefert ist, gibt es den Ort, wo wir eben diese ersehnte Lebensfülle erlangen, den wir Himmel nennen. Aber es gibt auch den Ort der totalen Abwesenheit Gottes, einen Ort der Leere und Einsamkeit, den die Heilige Schrift Hölle nennt. Und es gibt noch einen dritten Ort. Es ist ein vorübergehender „Aufenthaltsort", ein Ort der Reinigung. Ein Ort, an dem wir die Konsequenzen für unsere Taten tragen und abbüßen. Diesen Ort nennt man auch Reinigungsort oder im Volksmund Fegefeuer. Himmel-Hölle-Reinigungsort/Fegefeuer: Das sind Wirklichkeiten, die ich nur im Glauben an Gottes Offenbarung erfassen kann, aber Wirklichkeiten, die zeigen, es gibt Gerechtigkeit, nicht auf Erden, aber durch Gott im Himmel. Was der Himmel ist, wurde bereits besprochen. Nun zu den anderen beiden Wirklichkeiten: der Hölle und dem Reinigungsort, dem Fegefeuer.

5.5. Endgültig gescheitert – Gibt es die Hölle?

Christus spricht immer wieder von der Hölle, dem Ort der Verdammnis, dem Ort des Verderbens. Die hl. Katharina von Siena (1347-1380) konnte in einer Vision, in einer übernatürlichen Schau, einen Blick in die Hölle werfen, und hat sich entsetzt abgewandt. Kann ein gnädiger Gott einen Ort wie die Hölle zulassen, einen Zustand der Verzweiflung? Es fällt uns schwer, Gerechtigkeit und Barmherzigkeit zusammen zu sehen. Wenn wir einander in Barmherzigkeit begegnen, verzichten wir eben auf Bestrafung und vergeben. Wenn wir dagegen gerecht sein wollen, dann oft auf Kosten der Barmherzigkeit. Aber Gott ist größer als unsere menschliche Begrenztheit. Ich will versuchen, mich dem Thema ein wenig anzunähern – schwierig bleibt es.

Fangen wir noch einmal im wahrsten Sinne bei Adam und Eva an. Gott hat den Menschen erschaffen aus Liebe und zur Liebe. Das heißt, er wollte ein Wesen haben, das in der Lage ist, seine Liebe mit Liebe zu beantworten. Dazu hat er dem Menschen einen freien Willen gegeben, weil Liebe – wie bereits gesagt – nur in Freiwilligkeit geht. Zur Liebe kann niemand gezwungen werden. Wenn wir also die Freiheit haben, damit wir wirklich lieben können, bedeutet dies auch, dass wir die Möglichkeit haben, uns gegen die Liebe, gegen Gott zu entscheiden.

Unsere Entscheidung hat Konsequenzen. Würden wir uns bis zu unserem letzten Atemzug gegen Gott entscheiden, würde er unsere Entscheidung ernst nehmen, weil er unsere Freiheit ernst nimmt. Wäre dem nicht so, dann wäre das „Projekt Mensch“ mit seiner Berufung zur Liebe nur eine Art Sandkastenspiel, ein Spiel, das mit dem Verlassen dieses Sandkastens endet und keine weiteren Konsequenzen hat.

Mich hat folgende Geschichte beeindruckt. Rudolf Höß war Kommandant des KZ Auschwitz. Unvorstellbare Grausamkeiten hat er zu verantworten. Nach dem Krieg wurde ihm in Krakau der Prozess gemacht (nicht sehr weit von Auschwitz entfernt). Dort wurde er mit seinen Untaten konfrontiert. Kühl und gelassen wehrte er alles ab. Er habe nur auf Befehl gehandelt. Trotz aller Konfrontation blieb er uneinsichtig, hart und arrogant. Er wurde zum Tode verurteilt. Bis zur Vollstreckung des Urteils blieb er in Krakau inhaftiert. Von seinem Gefängnis aus hörte er immer wieder die Glocken der vielen Kirchen und Klöster der Stadt. Da erinnerte er sich an seine Kindheit. Er war einmal gläubiger katholischer Christ und Messdiener gewesen. Die Erinnerungen an diese Zeit wurden in ihm wach, und mit einem Mal trat ihm klar vor Augen, welche Verbrechen er zu verantworten hatte. Er ließ einen Priester rufen, unterhielt sich mehrere Male mit ihm und legte am Ende eine Lebensbeichte ab. Zwei Wochen später wurde er nach Auschwitz gebracht und dort erhängt. Der Galgen ist heute noch zu sehen. Vor seinem Tode sagte er: „*Ich weiß, die Menschen werden mir nicht vergeben. Aber Gott hat mir vergeben.*“

Gott ringt um jede Seele. Und er möchte, dass wir alle in den Himmel kommen. Er gibt uns die Möglichkeit, umzukehren und uns für ihn zu entscheiden bis zum letzten Augenblick unseres Lebens, wie im Beispiel

Rudolf Höß. Hitler dagegen hat noch wenige Stunden vor seinem Selbstmord gesagt, das Einzige, was er sich wirklich zugutehalten würde, wäre, dass er die Menschheit von den Juden befreit habe. Kein Anzeichen von Umkehr und Einsicht. Ist er in dieser Haltung gestorben? Das weiß Gott allein. Und weil nur Gott allein das weiß, hat die Kirche von niemandem gesagt, dass er mit Sicherheit in der Hölle ist. Denn Gott ist der einzige Zeuge des letzten Augenblicks. Nun könnte man empört einwenden: Was? Und dieser Verbrecher kommt nun in den Himmel, nur, weil er kurz zuvor alles bereut hat, was nicht gut war? Ist das gerecht? Zu einer Antwort kann uns das Thema „Reinigungsort/Fegefeuer" führen.

5.6. Der Reinigungsort/Fegefeuer – Heilung, die weh tut

Was hat es mit dem Reinigungsort/Fegefeuer auf sich? Das Fegefeuer ist ein Ort, wo Gerechtigkeit und Barmherzigkeit Gottes zusammenfließen.

Ich stelle mir das so vor: Nach meinem Tod begegne ich Christus in seiner Herrlichkeit. In seinem Licht sehe ich mein irdisches Leben. Ich sehe das Gute, das mir mit Gottes Hilfe gelungen ist, aber in diesem Licht sehe ich auch alles Dunkle, Schlechte, alle Sünden. Und mir wird klarer, als es mir je klar geworden ist, wie dumm und verletzend jede Sünde gewesen ist. Wenn man als Kind Unfug angestellt hatte, den man vor den Eltern verheimlichen wollte, war es ein mehr als unangenehmer Augenblick, wenn dieser Unfug zu Tage trat. Wie peinlich! Ein Gefühl, das man nicht haben möchte. Vor dem Angesicht Gottes ist es vielleicht ähnlich, nur unendlich gesteigert. Es tut weh, die dunklen Seiten meines Lebens zu sehen, viel weher als es getan hat, als mein Kinderunfug aufgedeckt wurde. Es ist ein Schmerz über das, was geschehen ist, aber ein Schmerz, der dann auch die Wunden, die diese Sünden hinterlassen haben und den Schmerz darüber heilt, so dass ich im Himmel ohne diesen Schmerz in völliger Glückseligkeit leben kann. Um noch einmal auf das Beispiel des Kommandanten von Auschwitz Rudolf Höß zu kommen: Welchen Schmerz muss er wohl im Reinigungsort erdulden? Wie lange Zeit – menschlich gesprochen – braucht er, um reif zu werden für den Himmel? Wenn er in seinem irdischen Leben diesen Schmerz gefühlt hätte, er wäre sicherlich nicht zu dem Verbrecher geworden, der er war.

Sucht also Gott nach Missetaten, und hat er Freude, mich zu bestrafen? Freut er sich über meinen Schmerz, den ich darüber im Fegefeuer erleiden muss?

Ein Blick ins Evangelium hilft uns da weiter. Als Jesus vor seiner Kreuzigung im Garten Gethsemane verhaftet wurde, verraten durch Judas, flohen die Jünger bis auf Petrus. Der folgte von Weitem dem Zug mit dem Gefangenen. Während Jesus im Palast des Hohenpriesters verhört wurde, wartete er draußen im Hof und wärmte sich am Feuer. Von anderen wurde er als Jünger Jesu erkannt. Er bekam es mit der Angst zu tun und verleugnete Jesus dreimal. Er behauptete ihn niemals gesehen zu haben. Lukas berichtet (vgl. Lk 22,54ff.), dass in dem Augenblick, als Petrus ihn das dritte Mal verleugnete, Jesus gerade herausgeführt wurde und sich zu Petrus umwandte. Und es heißt weiter: „*Da ging er (Petrus) hinaus und weinte bitterlich.*"

Wie wird Jesus ihn angeschaut haben? Voller Zorn? Nein! Voller Liebe und Trauer! Er hatte ihm ja angekündigt, dass er ihn verleugnen würde, und war traurig darüber, dass er es wirklich getan hatte. Der liebende Blick Jesu hat Petrus den Schmerz der Reue erleiden lassen. Ich bin davon überzeugt: Beim Gericht schaut uns Jesus mit seinem liebenden Blick an, aber gerade dieser lässt uns erkennen, und zwar voller Schmerz, was übel war in unserem Leben. Das ist der Reinigungsort/das Fegefeuer: der Ort einer schmerzvollen Heilung, damit wir reif werden für den Himmel. Schmerzvoll ist das Fegefeuer. Aber wer dorthin gelangt ist, weiß, dass der Himmel auf sie bzw. ihn wartet.

Noch ein Wort zum „Ablass“ – ein Wort, das für viele eher unverständlich ist. Der Ablass ist ein besonderer Liebesdienst für die Verstorbenen. Was hat es damit auf sich? Christus hat dem Petrus eine besondere Vollmacht erteilt: „*Was du auf Erden lösen wirst, wird auch im Himmel gelöst sein!*“ (Mt 16,19) Die Nachfolger des Petrus, die Päpste, haben immer wieder Gebrauch von dieser Vollmacht gemacht, in dem sie als Bevollmächtigte den Verstorbenen die Barmherzigkeit Gottes geschenkt haben. Unter bestimmten Bedingungen erlassen sie den Verstorbenen aufgrund der Gnade Jesu Christi und der Verdienste der Heiligen das Fegefeuer. Das nennen wir Ablass. An bestimmten Orten oder zu bestimmten Zeiten können Gläubige für sich oder für Verstorbene, die ihnen am Herzen liegen, diesen Ablass gewinnen, z. B. ist der päpstliche Segen *urbi et orbi* mit einem solchen Ablass verbunden. Allgemeine Voraussetzungen dafür sind:

1. der Glaube an diese Vollmacht
2. ein Gebet für den Hl. Vater
3. die Ablegung der Beichte
4. der Empfang der Hl. Kommunion

Wer also einen solchen Ablass empfängt und danach stirbt, hat gute Chancen, direkt – ohne Fegefeuer – in den Himmel zu kommen. Das klingt für unsere Ohren vielleicht fremd. Aber wenn ich mich darauf einlasse und es im Glauben annehme, kann ich wirklich Gutes tun für mich und für andere. Ist es nicht ein schöner Gedanke, dass die Kirche eine Solidargemeinschaft ist, die über den Tod hinausreicht? Leider gab es in früheren Jahrhunderten einen Missbrauch des Ablasses, den sogenannten Ablasshandel: Um ihn zu gewinnen, musste man nicht beten, sondern Geld spenden. So entstand der Eindruck, man könne den Ablass kaufen. Das geht so nicht! Martin Luther lehnte sich zurecht gegen diesen Missstand auf. Auch wenn der Missstand längst beseitigt wurde, hat das Wort Ablass in den Ohren vieler immer noch einen negativen Beigeschmack. In Wirklichkeit ist der Ablass eigentlich ein Geschenk der Barmherzigkeit Gottes.

5.7. Lebendige Verbundenheit über den Tod hinaus

Was geschieht eigentlich beim Sterben? Beim Sterben trennt sich die Seele vom Leib. Wir Menschen sind Wesen aus Leib und Seele. Wir haben einen Körper, der funktioniert, doch wir sind mehr als nur ein biologisches System, in dem chemische Reaktionen ablaufen. Wir haben einen Geist, können denken, erkennen, haben einen Willen und können uns entscheiden, haben Gefühle. Wir haben Freiheit, vor allen Dingen können wir lieben (und auch hassen). Alle diese geistigen Tätigkeiten und Potentiale entspringen der Seele. Doch sie gelingen nur durch den Leib. Wenn ich etwas sagen will, muss ich mir darüber Gedanken machen, aber meine Worte kommen nur zum Klingen, wenn ich Stimmbänder habe, die in Schwingung gebracht werden und so Laute hervorbringen.

Um es in einem Bild zu sagen: Der Geist ist der Komponist und Dirigent einer Melodie und der Körper das Orchester, das die Melodie zum Klingen bringt. Ohne Komponist und Dirigent ist das Orchester zum Schweigen verurteilt. Im Sterben nun trennen sich Leib und Seele. Der Leib bleibt nur als „sterbliche Hülle", die zerfällt. Die Seele kann man nicht sehen und doch, sie ist auch im Leib wahrnehmbar. Sehr eindrücklich erlebt das, wer einen Sterbenden begleitet. Er liegt vielleicht schon Tage im Koma, und die Angehörigen warteten auf das Ende, das jeden Augenblick eintreten könne. Er wird künstlich beatmet, und irgendwann erscheint auf dem Monitor die Null-Linie. Und innerhalb von wenigen Sekunden verändert sich das Angesicht des nun Verstorbenen. Auch vorher konnte er weder reden noch sich mitteilen, da er ja im Koma lag. Aber mit dem Tod erschlaffen innerhalb kurzer Zeit die Gesichtszüge, die Haut erblasst, der Leib ist offensichtlich dem Verfall preisgegeben. Wir glauben aber, dass die Seele weiterlebt, dass sie vor Gottes Angesicht tritt und, so hoffen wir, durch Gottes Barmherzigkeit im Himmel weiterlebt. Der Tod ist also nicht die Vernichtung des Menschen, sondern nur die Trennung von Leib und Seele. Das Leben geht weiter, wenn auch in anderer Form. Und es geht persönlich weiter, denn die Seele gibt ja meiner Person die Individualität, lässt mich Ich sagen und das Du erkennen. Jede Person ist einmalig und unverwechselbar. Die fernöstliche Vorstellung von Wiedergeburt und Seelenwanderung ist damit logischerweise nicht vereinbar.

Es ist guter Brauch – nicht nur im Christentum – die Toten zu ehren, ihren Leichnam zu bestatten. Darin drückt sich unser Respekt auch vor der sterblichen Hülle aus. Für uns ist das Grab zudem der Ort, der uns daran erinnert, dass die Seele weiterlebt. Wenn auch eine leibliche Kommunikation mit den Verstorbenen nicht möglich ist, so endet doch nicht ihr Leben. Der hl. Augustinus (+430) sagte einmal: „*Die Toten sind nicht weg. Wir können sie nur nicht sehen, und sie schauen mit ihren Augen voller Licht in unsere Augen voller Trauer.*“ Wir können mit unseren Verstorbenen weiter Verbindung halten, mit ihnen reden, sie auch um ihre Hilfe bitten. Aus ihrer besonderen Nähe zu Gott heraus können sie uns beistehen, und wir können ihnen erzählen, was uns bewegt.

Mir hilft da folgender Gedanke: Wenn ich die hl. Messe feiere, dann halte ich nach der Wandlung Jesus Christus selbst in der Gestalt des Brotes und des Weines in den Händen. Es ist derselbe Christus, den auch unsere Verstorbenen im Himmel sehen. Wir sehen ihn verhüllt, die Verstorbenen sehen ihn von Angesicht zu Angesicht. Über den Herrn in der Gestalt des Brotes in der hl. Eucharistie sind wir also ganz eng mit unseren Verstorbenen verbunden.

Es ist alte christliche Überzeugung, dass wir zudem unseren Verstorbenen helfen können, wenn sie noch der Läuterung bedürfen, wenn sie noch am Reinigungsort, im Fegefeuer, sind (vgl. 5.6). Indem wir für sie beten, lindern wir ihre Schmerzen beim Heilungsprozess der durch die Sünden gerissenen Wunden. Ganz besonders geschieht dies, wenn wir für die Verstorbenen die hl. Messe feiern, das heißt, das große Gnadengeschenk der Erlösung, das bei der Feier gegenwärtig wird, den Verstorbenen zu Gute kommen lassen. Auf diese Weise können wir ihnen unsere Liebe zeigen, und sie werden es uns danken. Wiederum der hl. Augustinus ist es, der unser Verhältnis zu den Verstorbenen kurz und bündig in den Worten zusammenfasst: „*Auferstehung ist unser Glaube, Wiedersehen unsere Hoffnung und Gedenken unsere Liebe.*“

Die Kirche ist eine Glaubensgemeinschaft, die über den Tod hinausreicht und die Heiligen im Himmel ebenso erfasst wie die, die im Fegefeuer sind. Letzteren können wir helfen durch unsere Gebete und vor allem durch die Feier der hl. Messe für die Verstorbenen. Nach katholischer Überzeugung lindert dieser Liebesdienst ihren Reinigungsschmerz.

5.8. Was heißt Auferstehung der Toten?

Im Glaubensbekenntnis sprechen wir: Wir glauben an die Auferstehung der Toten, wörtlich aus dem Lateinischen übersetzt sogar Auferstehung des Fleisches. Was ist damit gemeint? Das Weiterleben der Seele nach dem Tod? Oder bedeutet Auferstehung noch mehr?

Hören wir uns den Apostel Paulus an. In seinem ersten Brief an die Korinther schreibt er ausführlich über den Zusammenhang zwischen der Auferstehung Christi und der Auferstehung der Toten. Er schreibt: „*Wenn es keine Auferstehung der Toten gibt, ist auch Christus nicht auferweckt worden. Ist aber Christus nicht auferweckt worden, dann ist unsere Verkündigung leer, leer auch euer Glaube. Wir werden dann auch als falsche Zeugen Gottes entlarvt, weil wir im Widerspruch zu Gott das Zeugnis abgelegt haben: Er hat Christus auferweckt. Er hat ihn eben nicht auferweckt, wenn Tote nicht auferweckt werden.*“ (1 Kor 15,13-15)

Die Auferstehung Christi ist das Vorausbild unserer Auferstehung. Er ist – das wurde schon thematisiert (vgl. 2.8) – mit Leib und Seele von den Toten auferstanden. Das Grab war leer, und er ist den Jüngern begegnet. Sie konnten ihn anfassen, mit ihm essen und trinken. Er trug die Wundmale, er war also derselbe wie vor der Auferstehung, und doch war er anders. Er war nicht mehr an Raum und Zeit gebunden. Er gehörte schon zur Wirklichkeit des Himmels, konnte vielen Menschen gleichzeitig erscheinen und durch geschlossene Türen gehen. Christus war nach seiner Auferstehung schon in der Vollendung, auch wenn er sich noch einige

Wochen ausgewählten Personen zeigte. Und genau diese Auferstehung ist uns verheißen. Auch dazu schreibt Paulus: „*Es gibt aber eine bestimmte Reihenfolge: Erster ist Christus; dann folgen, wenn Christus kommt, alle, die zu ihm gehören.*" (1 Kor 15,23) Was an Christus geschehen ist, ist uns verheißen. Und zwar für die Zeit, wenn Christus wiederkommt. Er hat angekündigt, dass er mit Macht und Herrlichkeit wiederkommen wird am Ende der Zeiten, um alles neu zu machen, Himmel und Erde und auch den Menschen. Das ist der Zeitpunkt, an dem unsere Seelen wieder mit dem Leib vereint werden. Auch wenn wir Leib und Seele unseres irdischen Lebens haben, so sind wir doch – wie Christus – anders, ewig, leidenslos, himmlisch.

Unserem begrenzten Verstand fällt es schwer, das alles zu begreifen. Es gibt dafür auch kein Vorbild aus unserer Erfahrungswelt. Christus bringt einmal den Vergleich mit einem Weizenkorn: „*Wenn das Weizenkorn nicht in die Erde fällt und stirbt, bleibt es allein; wenn es aber stirbt, bringt es reiche Frucht.*" (Joh 12,24) Weizenkörner werden in die Erde versenkt, und aus dem einen Weizenkorn entstehen viele, entsteht eine neue Wirklichkeit. Wirklich erfassen können wir das nicht. Aber dürfen wir Christus und das, was er uns verheißen hat, auf unseren kleinen Verstand und auf das, was wir zu erfassen vermögen, reduzieren? Die gesamte Geschichte Gottes mit den Menschen zeigt, dass Gott unendlich viel größer ist als unser Verstand, unendlich viel größer als das, was wir erfassen und begreifen können. Glauben bedeutet, Christus mehr zuzutrauen als dem eigenen Verstand.

Trotzdem ist die Frage erlaubt: Wie können wir uns das vorstellen? Vielleicht sind unsere Leiber längst zu Staub geworden, und daraus soll etwas Neues entstehen? Wir können nur so viel sagen: Es wird geschehen, weil Christus es uns vorausgesagt hat. Und das, was geschehen wird, geht nicht an unseren Überresten vorbei, selbst wenn diese nur noch Staub sind. Wenn wir das glauben, dann hat die Verehrung der Gräber unserer Lieben noch einmal eine besondere Bedeutung. Früher stand oft auf solchen Gräbern „Hier wartet auf die Auferstehung …" Ja, die Leiber der Verstorbenen sind nicht einfach vergängliche Materie. Gott wird aus ihnen Neues, Ewiges, Vollendetes schaffen. Für Gott ist unser Leib so wichtig, dass er ihn selbst nach unserem Tod nicht als „Müll" betrachtet, sondern als Grundlage für seine Auferstehung, die er am Tage seiner Wiederkunft verwirklichen wird, wann immer das auch ist. Das ist auch der Grund, dass die Christen von Beginn an – im Unterschied zu ihrer heidnischen Umwelt – die Erdbestattung pflegten, nicht die Feuerbestattung. Erst seit wenigen Jahrzehnten ist die Feuerbestattung auch für katholische Christen erlaubt. Aber die angemessene Form ist und bleibt die Erdbestattung.

Das Bekenntnis zur Auferstehung des „Fleisches" ist ein Bekenntnis zur Würde unseres Leibes hier auf Erden. Der Leib ist nicht einfach ein Rest aus dem Tierreich, etwas, das unseren Geist einengt und einzwängt, sondern er ist heilig und dazu da, vollendet zu werden. Paulus besingt geradezu den menschlichen Leib, als er an die Römer schreibt: „*Oder wisst ihr nicht, dass euer Leib ein Tempel des Heiligen Geistes ist, der in euch wohnt und den ihr von Gott habt?*" (1 Kor 6,19)

Immer ist dieser Glaube auch auf Widerstand gestoßen. Die Apostelgeschichte berichtet uns von einer berühmten Rede des Paulus in Griechenland, in Athen, auf dem Areopag. Paulus redete von Jesus Christus, dem Sohn Gottes und was er alles getan hat. Man hörte ihm interessiert und neugierig zu. Doch heißt es dann: „*Als sie von der Auferstehung der Toten hörten, spotteten die einen, andere aber sagten: Darüber wollen wir dich ein andermal hören.*" (Apg 17,32) Daran zu glauben, ist nicht selbstverständlich. Es bedarf unserer Entscheidung. Ich sage gerne Ja zu diesem gut bezeugten Glauben. Er zeigt einmal mehr: Christentum ist nicht eine philosophische Theorie, sondern buchstäblich handgreifliche Wirklichkeit.

5.9. Morgen der Himmel – heute Gelassenheit

An die Herrlichkeit des Himmels zu glauben bedeutet nicht, lebensmüde zu sein – im Gegenteil. Der Glaube an den Himmel ist nicht „Vertröstung auf das Jenseits" wie Karl Marx behauptete. Halten wir uns das noch einmal vor Augen. Wir werden ja nach unserem Leben Rechenschaft vor Gott ablegen müssen. Die Gegenwart hat also Auswirkungen auf die Zukunft. In früheren Zeiten wurde vielleicht – ich habe das selbst nicht erlebt – zu sehr die Wirklichkeit der Hölle betont, was bei manchen zu Angst führte. Heute scheint mir eher das Gegenteil der Fall zu sein und in der Glaubensverkündigung die Existenz der Hölle unterschlagen zu werden. Der Glaube an den Himmel sollte nicht durch Angst vor der Hölle zerstört werden, sondern die Hoffnung unseres Lebens sein, die uns auch hilft, schwierige Augenblicke durchzustehen.

Wir haben Grund zu dieser Hoffnung, weil Gott sich uns als der Barmherzige offenbart. Gott will unser Heil. Er baut uns alle Brücken, die wir brauchen, um zu ihm zu kommen. Ein befreundeter Priester sagte mir einmal ein sehr tröstliches Wort: „*Gott ruft den Menschen dann zu sich, wenn es für ihn am besten ist.*" Was heißt das? Gott sieht unser ganzes Leben in einem Augenblick, und er weiß auch, auf welche Versuchungen wir hereinfallen würden. Wenn Gott Menschen zu sich ruft, dann bewahrt er sie vielleicht auch vor Schlimmerem, vor Fehltritten, die wirklich ins Verderben führen. Gott ist nicht unser Ankläger, sondern unser Verteidiger. Die Liebe zu ihm, dem Barmherzigen und Gütigen, dem, der für uns alles tut, sogar seinen Sohn opfert und menschlich leiden lässt, und die Geborgenheit in ihm, mögen uns die Angst vor dem Tod nehmen und die Vorfreude auf den Himmel schenken. Der Tod muss für mich kein Tabuthema mehr sein, sondern ich kann mit einer gewissen Gelassenheit über das Thema reden.

Der Glaube an die Auferstehung und die Hoffnung auf den Himmel geben unserem Leben darüber hinaus Weite. Ich habe das schon angedeutet: Wenn ich die Glückseligkeit nicht auf Erden erwarte, sondern endgültig erst im Himmel, dann werde ich bescheidener mit meinen Erwartungen und realistischer. Machen wir uns nicht manchmal Traumvorstellungen von unserer Zukunft und sind dann enttäuscht, wenn das nicht alles so kommt? Wenn ich Gelassenheit gegenüber den eigenen Erwartungen gewinne, dann befreit mich das auch von dem Druck, alles und jedes in diesem Leben erreichen zu müssen. Natürlich ist es schön, Ziele zu erreichen, die ich mir gesteckt habe. Aber wenn ich sie nicht wie erwartet erreiche, muss ich deshalb unglücklich sein? Ist es nicht besser, damit zu rechnen, dass im Leben so manches schiefgehen kann und vor diesem Hintergrund mich auch über die kleinen Dinge zu freuen, die mir tagtäglich geschenkt werden? Mein Blick öffnet sich für die Größe und Güte Gottes, die sich gerade in den vielen kleinen Zuwendungen zeigt, die er mir Tag um Tag schenkt.

Der Glaube an die Auferstehung schenkt darüber hinaus eine innere Freiheit, die mir niemand nehmen kann. Mich beeindruckt sehr das Beispiel der evangelischen Christin Sophie Scholl. Sie gehörte zur Widerstandsgruppe der „Weißen Rose“ in der Zeit des Nationalsozialismus. Mit ihrem Bruder verteilte sie in der Münchner Universität Flugblätter gegen die Verbrechen der Nazidiktatur. Sie und andere aus der Gruppe wurden verhaftet und verhört. Zunächst leugnete Sophie Scholl, aber als es unausweichlich war, stand sie dazu. Ihr Gewissen war ihr wichtiger als ihr Wohlergehen. Der Gestapo-Offizier, der sie verhörte, versuchte alle möglichen Kniffe und Tricks, um sie dazu zu bewegen, der nationalsozialistischen Ideologie zu folgen. Dann würde sie freikommen. Sie tat es nicht. Sie blieb bei ihrer Überzeugung im festen Glauben an die Auferstehung. Der Gestapo-Offizier bewunderte sie dafür, war in gewisser Weise sogar fasziniert. Vielleicht hat dieses Zeugnis ihn zu späterer Umkehr bewegt. Ein anderer Widerstandskämpfer im „Dritten Reich", der ebenfalls gefasst wurde, schrieb an seine Familie: *„Macht euch keine Sorgen. Mehr als das Leben können sie mir nicht nehmen."* Das war kein Zynismus, sondern Ausdruck seines selbstverständlichen Christusglaubens.

Der Glaube an ein Weiterleben nach dem Tod in der Herrlichkeit Gottes schenkt uns in der Gegenwart Gelassenheit, Befreiung und Motivation für das Gute.

5.10. Vorbereitung auf die Ewigkeit?

Ein letztes Mal der Vergleich mit einer Urlaubsreise: Je länger und weiter meine Reise geht, desto intensiver bereite ich mich vor. Welche Gepäckstücke benötige ich? Was muss ich über das Ziel wissen? Was kann ich tun, damit es eine wirklich gute Reise wird? Wenn wir uns schon auf eine zeitliche Reise in dieser Welt so gut vorbereiten, und nicht selten auch größere Summen Geld investieren, wie wichtig ist es dann, sich auf die einzig entscheidende Reise im unserem Leben vorzubereiten, jene, die mich in die „voll krasse" Herrlichkeit des Himmels führen will. Hier ein paar Gedanken, die mir in diesem Zusammenhang kommen:

„*Wenn ich vor Gottes Angesicht stehe, halte ich nichts in Händen außer dem, was ich verschenkt habe.*", sagt der Päpstliche Hausprediger Pater Raniero Cantalamessa, OFM. Ein gutes Wort! Es passt gut zu einem anderen, das der hl. Johannes vom Kreuz (1542-1591) geprägt hat: Wir werden von Gott nicht nach unseren Leistungen beurteilt, „*wir werden nach unserer Liebe beurteilt*". Die beste Vorbereitung auf die Ewigkeit ist ein gutes Leben in der Gegenwart. Und gutes Leben bedeutet: Ich will versuchen, Gott und den Nächsten jeden Tag ein wenig mehr zu lieben als am Tag zuvor, und das mit Großzügigkeit. Nicht das Immer-mehr-haben-Wollen macht glücklich, sondern das Verschenken, und zwar nicht erst in der kommenden Welt, sondern auch in dieser.

Es gibt das sogenannte Stundengebet der Kirche, auch Brevier genannt. Gebetszeiten, die morgens, mittags, abends und nachts gehalten werden. Insbesondere die Priester sind dazu verpflichtet, aber auch Ordensleute beten es. Ja, die Ordensleute haben diese Liturgie ganz besonders geprägt und entwickelt. Sie bildet das Gebetsgerüst ihres Klosterlebens. Jede Gebetszeit hat da ihre eigene Prägung. Die Gebetszeit für den Morgen ist die Laudes. Der Morgen ist die Stunde der Auferstehung Jesu, der in dieser Gebetszeit besonders gedacht wird. Es gibt noch einige kleinere Gebetszeiten, die nächste größere ist dann die Vesper, die gegen Abend gebetet wird. In ihr wird besonders des Todes Jesu gedacht und daran erinnert, was er alles für uns getan hat. Die letzte Gebetseinheit ist die Komplet, das Nachtgebet der Kirche. Bei diesem Gebet wird der Tatsache besonders gedacht, dass wir einmal sterben werden. Und so beginnt es mit einer Gewissenserforschung mit der Bitte um Vergebung, kurzum: Dieses Gebet ist so gehalten, dass es eine gute Vorbereitung wäre, wenn man am nächsten Morgen nicht mehr erwachen würde. Insgesamt hilft das Stundengebet nach der alten Faustregel zu leben: *„Lebe so, dass du jeden Augenblick vor das Angesicht Gottes gerufen werden könntest.*"

Übrigens: Das Stundengebet der Kirche lässt sich als App „Stundenbuch" kostenfrei herunterladen. So kann jede und jeder – nicht nur Priester und Ordensleute – mit Hilfe des Smartphones leicht damit beginnen, die eine oder andere Einheit zu beten. Für mich ist das Stundengebet ein ganz großer Schatz geworden, den ich keinesfalls missen möchte.

Und noch ein letzter Gedanke: Ein wichtiges Grundgebet für uns katholische Christen ist das *Gegrüßet seist du Maria*, es endet mit den Worten: „Heilige Maria, Muttergottes, bitte für uns Sünder, *jetzt und in der Stunde unseres Todes.* Amen." In jedem *Gegrüßet seist du Maria* beten wir, dass die Gottesmutter uns in unserer Sterbestunde helfen möge. Das ist nicht das Hauptanliegen dieses Gebetes, aber auch eines, das nicht zu vernachlässigen ist.

Verlieren wir das Ziel unseres Lebens nicht aus den Augen! Denn dieses Ziel gibt unserem Leben Sinn und Richtung. Es schenkt Gelassenheit, Freiheit und auch Freude, weil wir wissen: Auf unserem Weg sind wir nicht allein. Christus will uns an die Hand nehmen und gut und voller Abenteuer durch dieses Leben führen, damit wir einmal den Himmel erreichen. Aber das tut er nur, wenn wir mittun, wenn wir Ja zu ihm sagen. Jedes Gebet endet mit dem hebräischen Wort Amen, übersetzt: So sei es. Dieses Amen meint die Zustimmung zu Christus. Und so sage auch ich jetzt Amen.

Nachwort

„*Meister, wo wohnst du?*“, so fragten die ersten Jünger Jesus. Seine Antwort: „*Kommt und seht! Da kamen sie mit und sahen, wo er wohnte, und blieben jenen Tag bei ihm; es war um die zehnte Stunde.* (Joh 1,39) Jesus hat seine Jünger eingeladen, ihn kennenzulernen, Zeit mit ihm zu verbringen. Die Wohnung eines Menschen ist ein Spiegel des Inneren. Wer jemanden in seine Wohnung lässt, lässt ihn in sein Inneres.

Beim Christentum geht es um eine Freundschaft, und zwar um eine Freundschaft für immer. Christsein ist der Weg dieser Freundschaft mit Christus. Wenn dieses Buch Ihnen dazu verholfen hat, die Freundschaft mit Christus zu knüpfen, zu vertiefen oder zu erneuern, dann freut mich das von Herzen. Denn nur dazu habe ich es geschrieben!

Das Buch wäre nicht Wirklichkeit geworden ohne helfende Hände. Ich danke meiner Assistentin, Birgit Mühe, die das Manuskript zu Papier gebracht hat. Ich danke Frau Sandra Heinig und meinem Bruder Andreas, die die Mühe des Lektorates auf sich genommen haben, sowie Diakon Dr. habil. Raimund Lülsdorff für ihre kritische Lektüre im Hinblick auf die theologische Korrektheit des Textes.

Am Ende danke ich vor allem Gott, der mir die Gnade des Glaubens ins Herz gelegt und mir damit das größte Glück meines Lebens geschenkt hat.

Literaturhinweise:

1. Grundlagen

- Die Bibel, Einheitsübersetzung der Heiligen Schrift. Freiburg/Basel/Wien 2016
- YOUCAT-Bibel Augsburg 2017
- Katechismus der katholischen Kirche, Oldenbourg, ^{3}2020
- YOUCAT Jugendkatechismus der Katholischen Kirche, Königsstein/Ts ^{12}2015

2. Weiterführende Lektüre:

- Stefan Oster, Credo, Stuttgart 2019
- Joseph Ratzinger, Einführung in das Christentum (Gesammelte Schriften Bd. 4), Freiburg/Basel/Wien 2014
- Leo Scheffczyk, Katholische Glaubenswelt – Wahrheit und Gestalt, Paderborn ^{3}2008

3. Veröffentlichungen des Autors

- Die Herzen zum Himmel, Paderborn 2015
- Mit den Augen seiner Mutter, Kisslegg 2016
- Für immer Ja, Kisslegg, ^{2}2017
- Unterwegs zur Erstkommunion, Kisslegg 2020